# PREFAZIONE

La raccolta di frasari da viaggio "Andrà tutto bene!" pubblicati da T&P Books è destinata a coloro che viaggiano all'estero per turismo e per motivi professionali. I frasari contengono ciò che conta di più - gli elementi essenziali per la comunicazione di base. Questa è un'indispensabile serie di frasi utili per "sopravvivere" durante i soggiorni all'estero.

Questo frasario potrà esservi di aiuto nella maggior parte dei casi in cui dovrete chiedere informazioni, ottenere indicazioni stradali, domandare quanto costa qualcosa, ecc. Risulterà molto utile per risolvere situazioni dove la comunicazione è difficile e i gesti non possono aiutarci.

Questo libro contiene molte frasi che sono state raggruppate a seconda degli argomenti più importanti. Inoltre, troverete un mini dizionario con i vocaboli più utili - i numeri, le ore, il calendario, i colori ...

Durante i vostri viaggi portate con voi il frasario "Andrà tutto bene!" e disporrete di un insostituibile compagno di viaggio che vi aiuterà nei momenti di difficoltà e vi insegnerà a non avere paura di parlare in un'altra lingua straniera.

# INDICE

T&P Books Publishing

La raccolta di frasari da viaggio
"Andrà tutto bene!"

T&P Books Publishing

# FRASARIO

## — HINDI —

## I TERMINI E LE ESPRESSIONI PIÙ UTILI

Questo frasario contiene
espressioni e domande
di uso comune che
risulteranno utili
per intraprendere
conversazioni di base
con gli stranieri

Andrey Taranov

**T&P BOOKS**

**Frasario + dizionario da 250 vocaboli**

# Frasario Italiano-Hindi e mini dizionario da 250 vocaboli

Di Andrey Taranov

La raccolta di frasari da viaggio "Andrà tutto bene!" pubblicati da T&P Books è destinata a coloro che viaggiano all'estero per turismo e per motivi professionali. I frasari contengono ciò che conta di più - gli elementi essenziali per la comunicazione di base. Questa è un'indispensabile serie di frasi utili per "sopravvivere" durante i soggiorni all'estero.

In aggiunta troverete un mini dizionario con 250 vocaboli che risulteranno utili nelle conversazioni di tutti i giorni - i nomi dei mesi e dei giorni della settimana, le unità di misura, i membri della famiglia e molto altro.

T&P Books Publishing
www.tpbooks.com

ISBN: 978-1-78616-831-3

Questo libro è disponibile anche in formato e-book.
Visitate il sito www.tpbooks.com o le principali librerie online.

# PRONUNCIA

| Lettera | Esempio hindi | Alfabeto fonetico T&P | Esempio italiano |
|---------|---------------|----------------------|------------------|

## Vocali

| Lettera | Esempio hindi | Alfabeto fonetico T&P | Esempio italiano |
|---------|---------------|----------------------|------------------|
| अ | अक्सर | [a]; [ɑ], [ə] | vantarsi; soldato |
| आ | आगमन | [a:] | scusare |
| इ | इनाम | [i] | vittoria |
| ई | ईश्वर | [i], [i:] | vittoria |
| उ | उठना | [ʊ] | prugno |
| ऊ | ऊपर | [u:] | discutere |
| ऋ | ऋग्वेद | [r, rʲ] | attrice |
| ए | एकता | [e:] | essere |
| ऐ | ऐनक | [aj] | marinaio |
| ओ | ओला | [o:] | coordinare |
| औ | औरत | [au] | pausa |
| अं | अंजीर | [n] | fango |
| अः | अ से अः | [h] | [h] aspirate |
| ऑ | ऑफिस | [ɒ] | hall |

## Consonanti

| Lettera | Esempio hindi | Alfabeto fonetico T&P | Esempio italiano |
|---------|---------------|----------------------|------------------|
| क | कमरा | [k] | cometa |
| ख | खिड़की | [kh] | [k] aspirate |
| ग | गरज | [g] | guerriero |
| घ | घर | [gh] | [g] aspirate |
| ङ | डाकू | [n] | fango |
| च | चक्कर | [ʧ] | cinque |
| छ | छात्र | [ʧh] | [tsch] aspirate |
| ज | जाना | [ʤ] | piangere |
| झ | झलक | [ʤ] | piangere |
| ञ | विज्ञान | [ɲ] | stagno |
| ट | मटर | [t] | tattica |
| ठ | ठेका | [th] | [t] aspirate |
| ड | डंडा | [d] | doccia |
| ढ | ढलान | [d] | doccia |
| ण | क्षण | [n] | La nasale retroflessa |
| त | ताकत | [t] | tattica |

| Lettera | Esempio hindi | Alfabeto fonetico T&P | Esempio italiano |
|---------|---------------|------------------------|-------------------|
| थ | थकना | [th] | [t] aspirate |
| द | दरवाज़ा | [d] | doccia |
| ध | धोना | [d] | doccia |
| न | नाई | [n] | novanta |
| प | पिता | [p] | pieno |
| फ | फल | [f] | ferrovia |
| ब | बच्चा | [b] | bianco |
| भ | भाई | [b] | bianco |
| म | माता | [m] | mostra |
| य | याद | [j] | New York |
| र | रीछ | [r] | ritmo, raro |
| ल | लाल | [l] | saluto |
| व | वचन | [v] | volare |
| श | शिक्षक | [ʃ] | ruscello |
| ष | भाषा | [ʃ] | ruscello |
| स | सोना | [s] | sapere |
| ह | हज़ार | [h] | [h] aspirate |

## Consonanti addizionali

| क़ | क़लम | [q] | cometa |
| ख़ | ख़बर | [h] | [h] aspirate |
| ड़ | लड़का | [r] | ritmo, raro |
| ढ़ | पढ़ना | [r] | ritmo, raro |
| ग़ | ग़लती | [ɣ] | simile gufo, gatto |
| ज़ | ज़िन्दगी | [z] | rosa |
| झ़ | टेंझर | [ʒ] | beige |
| फ़ | फ़ौज | [f] | ferrovia |

# LISTA DELLE ABBREVIAZIONI

## Italiano. Abbreviazioni

| | | |
|---|---|---|
| agg | - | aggettivo |
| anim. | - | animato |
| avv | - | avverbio |
| cong | - | congiunzione |
| ecc. | - | eccetera |
| f | - | sostantivo femminile |
| f pl | - | femminile plurale |
| fem. | - | femminile |
| form. | - | formale |
| inanim. | - | inanimato |
| inform. | - | familiare |
| m | - | sostantivo maschile |
| m pl | - | maschile plurale |
| m, f | - | maschile, femminile |
| masc. | - | maschile |
| mil. | - | militare |
| pl | - | plurale |
| pron | - | pronome |
| qc | - | qualcosa |
| qn | - | qualcuno |
| sing. | - | singolare |
| v aus | - | verbo ausiliare |
| vi | - | verbo intransitivo |
| vi, vt | - | verbo intransitivo, transitivo |
| vr | - | verbo riflessivo |
| vt | - | verbo transitivo |

## Hindi. Abbreviazioni

| | | |
|---|---|---|
| f | - | sostantivo femminile |
| f pl | - | femminile plurale |
| m | - | sostantivo maschile |
| m pl | - | maschile plurale |

# FRASARIO HINDI

Questa sezione contiene frasi importanti che potranno rivelarsi utili in varie situazioni di vita quotidiana. Il frasario vi sarà di aiuto per chiedere indicazioni, chiarire il prezzo di qualcosa, comprare dei biglietti e ordinare pietanze in un ristorante

**T&P Books Publishing**

# INDICE DEL FRASARIO

T&P Books Publishing

| | |
|---|---|
| Mi scusi, ... | माफ़ कीजिएगा, ...<br>māf kījiega, ... |
| Buongiorno. | नमस्कार।<br>namaskār. |
| Grazie. | शुक्रिया।<br>shukriya. |
| Arrivederci. | अलविदा।<br>alavida. |
| Sì. | हाँ।<br>hān. |
| No. | नहीं।<br>nahin. |
| Non lo so. | मुझे नहीं मालूम।<br>mujhe nahin mālūm. |
| Dove? \| Dove? (~ stai andando?) \| Quando? | कहाँ? \| कहाँ जाना है? \| कब?<br>kahān? \| kahān jāna hai? \| kab? |

| | |
|---|---|
| Ho bisogno di ... | मुझे ... चाहिए।<br>mujhe ... chāhie. |
| Voglio ... | मैं ... चाहता /चाहती/ हूँ।<br>main ... chāhata /chāhatī/ hūn. |
| Avete ...? | क्या आपके पास ... है?<br>kya āpake pās ... hai? |
| C'è un /una/ ... qui? | क्या यहाँ ... है?<br>kya yahān ... hai? |
| Posso ...? | क्या मैं ... सकता /सकती/ हूँ?<br>kya main ... sakata /sakatī/ hūn? |
| per favore | ..., कृपया।<br>..., kṛpaya. |

| | |
|---|---|
| Sto cercando ... | मैं ... ढूंढ रहा /रही/ हूँ।<br>main ... dhūnrh raha /rahī/ hūn. |
| il bagno | शौचालय<br>shauchālay |
| un bancomat | एटीएम<br>etīem |
| una farmacia | दवा की दुकान<br>dava kī dūkān |
| un ospedale | अस्पताल<br>aspatāl |
| la stazione di polizia | पुलिस थाना<br>pulis thāna |
| la metro | मेट्रो<br>metro |

| | |
|---|---|
| un taxi | टैक्सी<br>taiksī |
| la stazione (ferroviaria) | ट्रेन स्टेशन<br>tren steshan |

| | |
|---|---|
| Mi chiamo … | मेरा नाम ... है।<br>mera nām ... hai |
| Come si chiama? | आपका क्या नाम है?<br>āpaka kya nām hai? |
| Mi può aiutare, per favore? | क्या आप मेरी मदद कर सकते<br>/सकती/ हैं?<br>kya āp merī madad kar sakate<br>/sakatī/ hain? |
| Ho un problema. | मुझे एक परेशानी है।<br>mujhe ek pareshānī hai. |
| Mi sento male. | मेरी तबियत ठीक नहीं है।<br>merī tabiyat thīk nahin hai. |
| Chiamate l'ambulanza! | एम्बुलेन्स बुलाओ।<br>embulens bulao! |
| Posso fare una telefonata? | क्या मैं एक फ़ोन कर सकता<br>/सकती/ हूँ?<br>kya main ek fon kar sakata<br>/sakatī/ hūn? |

| | |
|---|---|
| Mi dispiace. | मुझे माफ़ करना।<br>mujhe māf kar do. |
| Prego. | आपका स्वागत है।<br>āpaka svāgat hai. |

| | |
|---|---|
| io | मैं<br>main |
| tu | तू<br>tū |
| lui | वह<br>vah |
| lei | वह<br>vah |
| loro (m) | वे<br>ve |
| loro (f) | वे<br>ve |
| noi | हम<br>ham |
| voi | तुम<br>tum |
| Lei | आप<br>āp |

| | |
|---|---|
| ENTRATA | प्रवेश<br>pravesh |
| USCITA | निकास<br>nikās |

| | |
|---|---|
| FUORI SERVIZIO | ख़राब है |
| | kharāb hai |
| CHIUSO | बंद |
| | band |
| APERTO | खुला |
| | khula |
| DONNE | महिलाओं के लिए |
| | mahilaon ke lie |
| UOMINI | पुरूषों के लिए |
| | purūshon ke lie |

## Domande

| | |
|---|---|
| Dove? | कहाँ?<br>kahān? |
| Dove? (~ stai andando?) | कहाँ जाना है?<br>kahān jāna hai? |
| Da dove? | कहाँ से?<br>kahān se? |
| Perchè? | क्यों?<br>kyon? |
| Per quale motivo? | किस वजह से?<br>kis vajah se? |
| Quando? | कब?<br>kab? |

| | |
|---|---|
| Per quanto tempo? | कितना समय लगेगा?<br>kitana samay lagega? |
| A che ora? | कितने बजे?<br>kitane baje? |
| Quanto? | कितना?<br>kitana? |
| Avete ...? | क्या आपके पास ... है?<br>kya āpake pās ... hai? |
| Dov'e ...? | ... कहाँ है?<br>... kahān hai? |

| | |
|---|---|
| Che ore sono? | क्या बजा है?<br>kya baja hai? |
| Posso fare una telefonata? | क्या मैं एक फ़ोन कर सकता<br>/सकती/ हूँ?<br>kya main ek fon kar sakata<br>/sakatī/ hūn? |
| Chi è? | कौन है?<br>kaun hai? |
| Si può fumare qui? | क्या मैं यहाँ सिगरेट पी सकता<br>/सकती/ हूँ?<br>kya main yahān sigaret pī sakata<br>/sakatī/ hūn? |
| Posso ...? | क्या मैं ... सकता /सकती/ हूँ?<br>kya main ... sakata /sakatī/ hūn? |

## Necessità

Vorrei ...

मुझे ... चाहिए।
mujhe ... chāhie.

Non voglio ...

मुझे ... नहीं चाहिए।
mujhe ... nahin chāhie.

Ho sete.

मुझे प्यास लगी है।
mujhe pyās lagī hai.

Ho sonno.

मैं सोना चाहता /चाहती/ हूँ।
main sona chāhata /chāhatī/ hūn.

---

Voglio ...

मैं ... चाहता /चाहती/ हूँ।
main ... chāhata /chāhatī/ hūn.

lavarmi

हाथ-मुँह धोना
hāth-munh dhona

lavare i denti

दाँत ब्रश करना
dānt brash karana

riposae un po'

कुछ समय आराम करना
kuchh samay ārām karana

cambiare i vestiti

कपड़े बदलना
kapare badalana

---

tornare in albergo

होटल वापस जाना
hotal vāpas jāna

comprare ...

... खरीदना
... kharīdana

andare a ...

... जाना
... jāna

visitare ...

... जाना
... jāna

incontrare ...

... से मिलने जाना
... se milane jāna

fare una telefonata

फ़ोन करना
fon karana

---

Sono stanco.

मैं थक गया /गई/ हूँ।
main thak gaya /gaī/ hūn.

Siamo stanchi.

हम थक गए हैं।
ham thak gae hain.

Ho freddo.

मुझे सर्दी लग रही है।
mujhe sardī lag rahī hai.

Ho caldo.

मुझे गर्मी लग रही है।
mujhe garmī lag rahī hai.

Sto bene.

मैं ठीक हूँ।
main thīk hūn.

Devo fare una telefonata.

मुझे फ़ोन करना है।
mujhe fon karana hai.

Devo andare in bagno.

मुझे शौचालय जाना है।
mujhe shauchālay jāna hai.

Devo andare.

मुझे जाना है।
mujhe jāna hoga.

Devo andare adesso.

मुझे अब जाना होगा।
mujhe ab jāna hoga.

## Come chiedere indicazioni

Mi scusi, ...
माफ़ कीजिएगा, ...
māf kījiega, ...

Dove si trova ...?
... कहाँ है?
... kahān hai?

Da che parte è ...?
... कहाँ पड़ेगा?
... kahān paṛega?

Mi può aiutare, per favore?
क्या आप मेरी मदद करेंगे
/करेंगी/, प्लीज़?
kya āp merī madad karenge
/karengī/, plīz?

Sto cercando ...
मैं ... ढूंढ रहा /रही/ हूँ.
main ... dhūnṛh raha /rahī/ hūn.

Sto cercando l'uscita.
मैं बाहर निकलने का रास्ता
ढूंढ रहा /रही/ हूँ.
main bāhar nikalane ka rāsta
dhūnṛh raha /rahī/ hūn.

Sto andando a ...
मैं ... जा रहा /रही/ हूँ
main ... ja raha /rahī/ hūn.

Sto andando nella direzione
giusta per ...?
क्या मैं ...जाने के लिए सही
रास्ते पर हूँ?
kya main ... jāne ke lie sahī
rāste par hūn?

E' lontano?
क्या वह दूर है?
kya vah dūr hai?

Posso andarci a piedi?
क्या मैं वहाँ पैदल जा सकता
/सकती/ हूँ?
kya main vahān paidal ja sakata
/sakatī/ hūn?

Può mostrarmi sulla piantina?
क्या आप मुझे नक्शे पर दिखा
सकते /सकती/ हैं?
kya āp mujhe nakshe par dikha
sakate /sakatī/ hain?

Può mostrarmi dove ci troviamo adesso.
मुझे दिखाईये कि हम इस वक्त
कहाँ हैं.
mujhe dikhaīye ki ham is vakt
kahān hain.

Qui
यहाँ
yahān

Là
वहाँ
vahān

| | |
|---|---|
| Da questa parte | इस तरफ़<br>is taraf |
| Giri a destra. | दायें मुड़ें।<br>dāyen muren. |
| Giri a sinistra. | बायें मुड़ें।<br>bāyen muren. |
| La prima (la seconda, la terza) strada | पहला (दूसरा, तीसरा) मोड़<br>pahala (dūsara, tīsara) mor |
| a destra | दाईं ओर<br>daīn or |
| a sinistra | बाईं ओर<br>baīn or |
| Vada sempre dritto. | सीधे जाएं।<br>sīdhe jaen. |

# Segnaletica

| | |
|---|---|
| BENVENUTO! | स्वागत!<br>svāgat! |
| ENTRATA | प्रवेश<br>pravesh |
| USCITA | निकास<br>nikās |
| | |
| SPINGERE | पुश, धकेलिए<br>push, dhakelie |
| TIRARE | पुल, खींचिए<br>pul, khīnchie |
| APERTO | खुला<br>khula |
| CHIUSO | बंद<br>band |
| | |
| DONNE | महिलाओं के लिए<br>mahilaon ke lie |
| UOMINI | पुरूषों के लिए<br>purūshon ke lie |
| BAGNO UOMINI | पुरूष<br>purūsh |
| BAGNO DONNE | महिलाएं<br>mahilaen |
| | |
| SALDI \| SCONTI | छूट<br>chhūt |
| IN SALDO | सेल<br>sel |
| GRATIS | मुफ्त<br>muft |
| NOVITA! | नया!<br>naya! |
| ATTENZIONE! | ध्यान दें!<br>dhyān den! |
| | |
| COMPLETO | कोई कमरा खाली नहीं है<br>koī naukarī nahin hai |
| RISERVATO | रिज़र्वड<br>rizarvad |
| AMMINISTRAZIONE | प्रबंधन<br>prabandhan |
| RISERVATO AL PERSONALE | केवल स्टाफ़<br>keval stāf |

| | |
|---|---|
| ATTENTI AL CANE! | कुत्ते से बचकर रहें!<br>kutte se bachakar rahen! |
| VIETATO FUMARE | नो स्मोकिंग!<br>no smoking! |
| NON TOCCARE | हाथ न लगाएं!<br>hāth na lagaen! |
| PERICOLOSO | खतरनाक<br>khataranāk |
| PERICOLO | खतरा<br>khatara |
| ALTA TENSIONE | हाई वोल्टेज<br>haī voltej |
| DIVIETO DI BALNEAZIONE | स्वीमिंग की अनुमति नहीं है!<br>svīming kī anumati nahin hai! |

| | |
|---|---|
| FUORI SERVIZIO | ख़राब है<br>kharāb hai |
| INFIAMMABILE | ज्वलनशील<br>jvalanashīl |
| VIETATO | मनाही<br>manāhī |
| VIETATO L'ACCESSO | प्रवेश निषेध!<br>yahān āne kī sakht manāhī hai! |
| PITTURA FRESCA | गीला पेंट<br>gīla pent |

| | |
|---|---|
| CHIUSO PER RESTAURO | मरम्मत के लिए बंद<br>marammat ke lie band |
| LAVORI IN CORSO | आगे कार्य प्रगित पर है<br>āge kāry pragit par hai |
| DEVIAZIONE | डीटूर<br>dītur |

## Mezzi di trasporto - Frasi generiche

| | |
|---|---|
| aereo | हवाई जहाज़<br>havaī jahāz |
| treno | रेलगाड़ी, ट्रेन<br>relagārī, tren |
| autobus | बस<br>bas |
| traghetto | फेरी<br>ferī |
| taxi | टैक्सी<br>taiksī |
| macchina | कार<br>kār |

| | |
|---|---|
| orario | शिड्यूल<br>shidyūl |
| Dove posso vedere l'orario? | मैं शिड्यूल कहां देख सकता /सकती/ हूं?<br>main shidyūl kahān dekh sakata /sakatī/ hūn? |
| giorni feriali | कार्यदिवस<br>kāryadivas |
| giorni di festa (domenica) | समाहांत<br>saptāhānt |
| giorni festivi | छुट्टियां<br>chhuttiyān |

| | |
|---|---|
| PARTENZA | प्रस्थान<br>prasthān |
| ARRIVO | आगमन<br>āgaman |
| IN RITARDO | देरी<br>derī |
| CANCELLATO | रद्द<br>radd |

| | |
|---|---|
| il prossimo (treno, ecc.) | अगला<br>agala |
| il primo | पहला<br>pahala |
| l'ultimo | अंतिम<br>antim |

| | |
|---|---|
| Quando è il prossimo ...? | **अगला ... कब है?**<br>agala ... kab hai? |
| Quando è il primo ...? | **पहला ... कब है?**<br>pahala ... kab hai? |
| Quando è l'ultimo ...? | **अंतिम ... कब है?**<br>antim ... kab hai? |

| | |
|---|---|
| scalo | **ट्रेन बदलना**<br>tren badalana |
| effettuare uno scalo | **ट्रेन कैसे बदलें**<br>tren kaise badalen |
| Devo cambiare? | **क्या मुझे ट्रेन बदलनी पड़गी?**<br>kya mujhe tren badalanī paragī? |

## Acquistando un biglietto

| | |
|---|---|
| Dove posso comprare i biglietti? | मैं टिकटें कुहाँ खरीद सकता /सकती/ हूँ? <br> main tikaten kahān kharīd sakata /sakatī/ hūn? |
| biglietto | टिकट <br> tikat |
| comprare un biglietto | टिकट खरीदना <br> tikat kharīdana |
| il prezzo del biglietto | टिकट का दाम <br> tikat ka dām |

| | |
|---|---|
| Dove? | कहाँ जाना है? <br> kahān jāna hai? |
| In quale stazione? | कौन-से स्टेशन के लिए? <br> kaun-se steshan ke lie? |
| Avrei bisogno di ... | मुझे ... चाहिए। <br> mujhe ... chāhie. |
| un biglietto | एक टिकट <br> ek tikat |
| due biglietti | दो टिकट <br> do tikat |
| tre biglietti | तीन टिकट <br> tīn tikat |

| | |
|---|---|
| solo andata | एक तरफ़ <br> ek taraf |
| andata e ritorno | राउंड ट्रिप <br> raund trip |
| prima classe | फर्स्ट क्लास <br> farst klās |
| seconda classe | सेकेंड क्लास <br> sekend klās |
| oggi | आज <br> āj |
| domani | कल <br> kal |
| dopodomani | कल के बाद वाला दिन <br> kal ke bād vāla din |
| la mattina | सुबह में <br> subah men |
| nel pomeriggio | दोपहर में <br> dopahar men |
| la sera | शाम में <br> shām men |

posto lato corridoio

आयल सीट
āyal sīt

posto lato finestrino

खिड़की वाली सीट
khirakī vālī sīt

Quanto?

कितना?
kitana?

Posso pagare con la carta di credito?

क्या मैं क्रेडिट कार्ड से पे कर
सकता /सकती/ हूँ?
kya main kredit kārd se pe kar
sakata /sakatī/ hūn?

## Autobus

| | |
|---|---|
| autobus | बस<br>bas |
| autobus interurbano | अंतरराज्यीय बस<br>antararājyīy bas |
| fermata dell'autobus | बस-स्टॉप<br>bas-stop |
| Dov'è la fermata dell'autobus più vicina? | सबसे करीबी बस-स्टॉप कहाँ है?<br>sabase karībī bas-stop kahān hai? |
| numero | नंबर<br>nambar |
| Quale autobus devo prendere per andare a …? | … जाने के लिए कौन-सी बस लेनी होगी?<br>… jāne ke lie kaun-sī bas lenī hogī? |
| Questo autobus va a …? | क्या यह बस … जाती है?<br>kya yah bas … jātī hai? |
| Qual'è la frequenza delle corse degli autobus? | बसें कितनी जल्दी-जल्दी आती हैं?<br>basen kitanī jaldī-jaldī ātī hain? |
| ogni 15 minuti | हर पंद्रह मिनट<br>har pandrah minat |
| ogni mezzora | हर आधा घंटा<br>har ādha ghanta |
| ogni ora | हर घंटा<br>har ghanta |
| più a volte al giorno | दिन में कई बार<br>din men kaī bār |
| … volte al giorno | दिन में … बार<br>din men … bār |
| orario | शिड्यूल<br>shidyūl |
| Dove posso vedere l'orario? | मैं शिड्यूल कहाँ देख सकता /सकती/ हूँ?<br>main shidyūl kahān dekh sakata /sakatī/ hūn? |
| Quando passa il prossimo autobus? | अगली बस कब है?<br>agalī bas kab hai? |
| A che ora è il primo autobus? | पहली बस कब है?<br>pahalī bas kab hai? |
| A che ora è l'ultimo autobus? | आखिरी बस कब है?<br>ākhirī bas kab hai? |

| | |
|---|---|
| fermata | स्टॉप |
| | stop |
| prossima fermata | अगला स्टॉप |
| | agala stop |
| ultima fermata | आखिरी स्टॉप |
| | ākhirī stop |
| Può fermarsi qui, per favore. | रोक दें, प्लीज़। |
| | yahān roken, plīz. |
| Mi scusi, questa è la mia fermata. | माफ़ कीजिएगा, यह मेरा स्टॉप है। |
| | māf kījiega, yah mera stop hai. |

# Treno

| | |
|---|---|
| treno | रेलगाड़ी, ट्रेन<br>relagāṛī, tren |
| treno locale | लोकल ट्रेन<br>lokal tren |
| treno a lunga percorrenza | लंबी दूरी की ट्रेन<br>lambī dūrī kī tren |
| stazione (~ ferroviaria) | ट्रेन स्टेशन<br>tren steshan |
| Mi scusi, dov'è l'uscita per il binario? | माफ़ कीजिएगा, प्लेटफॉर्म से निकलने<br>का रास्ता कहाँ है?<br>māf kījiega, pletaform se nikalane<br>ka rāsta kahān hai? |

| | |
|---|---|
| Questo treno va a ...? | क्या यह ट्रेन ... जाती है?<br>kya yah tren ... jātī hai? |
| il prossimo treno | अगली ट्रेन<br>agalī tren |
| Quando è il prossimo treno? | अगली ट्रेन कब है?<br>agalī tren kab hai? |
| Dove posso vedere l'orario? | मैं शिड्यूल कहाँ देख सकता<br>/सकती/ हूँ?<br>main shidyūl kahān dekh sakata<br>/sakatī/ hūn? |
| Da quale binario? | कौन-से प्लेटफॉर्म से?<br>kaun-se pletaform se? |
| Quando il treno arriva a ... ? | ... में ट्रेन कब पहुंचती है?<br>... men tren kab pahunchatī hai? |

| | |
|---|---|
| Mi può aiutare, per favore. | कृपया मेरी मदद करें<br>kṛpaya merī madad karen. |
| Sto cercando il mio posto. | मैं अपनी सीट ढूंढ रहा /रही/ हूँ<br>main apanī sīṭ dhūnrh raha /rahī/ hūn. |
| Stiamo cercando i nostri posti. | हम अपनी सीट ढूंढ रहे हैं<br>ham apanī sīṭ dhūnrh rahe hain. |

| | |
|---|---|
| Il mio posto è occupato. | मेरी सीट पर कोई और बैठा है।<br>merī sīṭ par koī aur baitha hai. |
| I nostri posti sono occupati. | हमारी सीटों पर कोई और बैठा है।<br>hamārī sīṭon par koī aur baitha hai. |
| Mi scusi, ma questo è il mio posto. | माफ़ कीजिएगा, लेकिन यह मेरी सीट है।<br>māf kījiega, lekin yah merī sīṭ hai. |

E' occupato?

क्या इस सीट पर कोई बैठा है?
kya is sīt par koī baitha hai?

Posso sedermi qui?

क्या मैं यहाँ बैठ सकता
/सकती/ हूँ?
kya main yahān baith sakata
/sakatī/ hūn?

## Sul treno - Dialogo (Senza il biglietto)

Biglietto per favore.

टिकट, कृपया।
tikat, krpaya.

Non ho il biglietto.

मेरे पास टिकट नहीं है।
mere pas tikat nahin hai.

Ho perso il biglietto.

मेरा टिकट खो गया।
mera tikat kho gaya.

Ho dimenticato il biglietto a casa.

मैं अपना टिकट घर पर भूल
गया /गई/।
main apana tikat ghar par bhul
gaya /gaī/.

Può acquistare il biglietto da me.

आप मुझे एक टिकट दे दें।
āp mujhe ek tikat de den.

Deve anche pagare una multa.

आपको फाइन भी भरना होगा।
āpako fain bhī bharana hoga.

Va bene.

ठीक है।
thīk hai.

Dove va?

आप कहाँ जा रहे /रही/ हैं?
āp kahān ja rahe /rahī/ hain?

Vado a ...

मैं ... जा रहा /रही/ हूँ।
main ... ja raha /rahī/ hūn.

Quanto? Non capisco.

कितना? मैं समझी /समझी/ नहीं।
kitana? main samajhī /samajhī/ nahin.

Può scriverlo per favore.

इसे लिख दीजिए, प्लीज़।
ise likh dījie, plīz.

D'accordo. Posso pagare con la
carta di credito?

ठीक है। क्या मैं क्रेडिट कार्ड से पे
कर सकता /सकती/ हूँ?
thīk hai. kya main kredit kārd se pe
kar sakata /sakatī/ hūn?

Si.

हाँ, आप कर सकते हैं।
hān, āp kar sakate hain.

Ecco la sua ricevuta.

यह रही आपकी रसीद।
yah rahī āpakī rasīd.

Mi dispiace per la multa.

फाइन के बारे में माफ़ कीजिएगा।
fain ke bāre men māf kījiega.

Va bene così. È stata colpa mia.

कोई बात नहीं। वह मेरी गलती थी।
koī bāt nahin. vah merī galatī thī.

Buon viaggio.

अपनी यात्रा का आनंद लें।
apanī yātra ka ānand len.

## Taxi

| | |
|---|---|
| taxi | टैक्सी<br>taiksī |
| tassista | टैक्सी चलाने वाला<br>taiksī chalāne vāla |
| prendere un taxi | टैक्सी पकड़ना<br>taiksī pakarana |
| posteggio taxi | टैक्सी स्टैंड<br>taiksī staind |
| Dove posso prendere un taxi? | मुझे टैक्सी कहां मिलेगी?<br>mujhe taiksī kahān milegī? |
| chiamare un taxi | टैक्सी बुलाना<br>taiksī bulāna |
| Ho bisogno di un taxi. | मुझे टैक्सी चाहिए।<br>mujhe taiksī chāhie. |
| Adesso. | अभी।<br>abhī. |
| Qual'è il suo indirizzo? | आपका पता क्या है?<br>āpaka pata kya hai? |
| Il mio indirizzo è ... | मेरा पता है ...<br>mera pata hai ... |
| La sua destinazione? | आपको कहाँ जाना है?<br>āpako kahān jāna hai? |
| Mi scusi, ... | माफ़ कीजिएगा, ...<br>māf kījiega, ... |
| E' libero? | क्या टैक्सी खाली है?<br>kya taiksī khālī hai? |
| Quanto costa andare a ...? | ... जाने के लिए कितना लगेगा?<br>... jāne ke lie kitana lagega? |
| Sapete dove si trova? | क्या आपको पता है वह कहाँ है?<br>kya āpako pata hai vah kahān hai? |
| All'aeroporto, per favore. | एयरपोर्ट, प्लीज़।<br>eyaraport, plīz. |
| Si fermi qui, per favore. | यहाँ रोकें, प्लीज़।<br>rok den, plīz. |
| Non è qui. | यहाँ नहीं है।<br>yahān nahin hai. |
| È l'indirizzo sbagliato. | यह गलत पता है।<br>yah galat pata hai. |
| Giri a sinistra. | बायें मुड़ें।<br>bāyen muren. |
| Giri a destra. | दायें मुड़ें।<br>dāyen muren. |

| | |
|---|---|
| Quanto le devo? | मुझे आपको कितने पैसे देने हैं?<br>mujhe āpako kitane paise dene hain? |
| Potrei avere una ricevuta, per favore. | मैं एक रसीद चाहिए, प्लीज़ा<br>main ek rasīd chāhie, plīz. |
| Tenga il resto. | छुट्टे रख लें<br>chhutte rakh len. |

| | |
|---|---|
| Può aspettarmi, per favore? | क्या आप मेरा इंतज़ार /करेंगे/ करेंगी?<br>kya āp mera intazār /karenge/ karengī? |
| cinque minuti | पाँच मिनट<br>pānch minat |
| dieci minuti | दस मिनट<br>das minat |
| quindici minuti | पंद्रह मिनट<br>pandrah minat |
| venti minuti | बीस मिनट<br>bīs minat |
| mezzora | आधा घंटा<br>ādhe ghante |

# Hotel

| | |
|---|---|
| Salve. | नमस्कार। <br> namaskār. |
| Mi chiamo … | मेरा नाम … है <br> mera nām … hai |
| Ho prenotato una camera. | मैंने बुकिंग की थी। <br> mainne buking kī thī. |
| Ho bisogno di … | मुझे … चाहिए। <br> mujhe … chāhie. |
| una camera singola | एक सिंगल कमरा <br> ek singal kamara |
| una camera doppia | एक डबल कमरा <br> ek dabal kamara |
| Quanto costa questo? | यह कितने का है? <br> yah kitane ka hai? |
| È un po' caro. | यह थोड़ा महंगा है। <br> yah thora mahanga hai. |
| Avete qualcos'altro? | क्या आपके पास कुछ और है? <br> kya āpake pās kuchh aur hai? |
| La prendo. | मैं यह ले लूँगा /लूँगी/। <br> main yah le lūnga /lūngī/. |
| Pago in contanti. | मैं नकद दूंगा /दूँगी/। <br> main nakad dūnga /dūngī/. |
| Ho un problema. | मुझे एक परेशानी है। <br> mujhe ek pareshānī hai. |
| Il mio … è rotto. | मेरा … टूटा हुआ है। <br> mera … tūta hua hai. |
| Il mio … è fuori servizio. | मेरा … ख़राब है। <br> mera … kharāb hai. |
| televisore | टीवी <br> tīvī |
| condizionatore | एयरकंडिशनर <br> eyarakandishanar |
| rubinetto | नल <br> nal |
| doccia | शॉवर <br> shovar |
| lavandino | बेसिन <br> besin |
| cassaforte | तिजोरी <br> tijorī |

| | |
|---|---|
| serratura | दरवाज़े का ताला <br> daravāze ka tāla |
| presa elettrica | सॉकेट <br> soket |
| asciugacapelli | हेयर ड्रायर <br> heyar drāyar |

| | |
|---|---|
| Non ho ... | ... नहीं है <br> ... nahin hai |
| l'acqua | पानी <br> pānī |
| la luce | लाइट <br> lait |
| l'elettricità | बिजली <br> bijalī |

| | |
|---|---|
| Può darmi ...? | ... दे सकते /सकती/ हैं? <br> de sakate /sakatī/ hain? |
| un asciugamano | तौलिया <br> tauliya |
| una coperta | कम्बल <br> kambal |
| delle pantofole | चप्पल <br> chappal |
| un accappatoio | रोब <br> rob |
| dello shampoo | शैम्पू <br> shaimpū |
| del sapone | साबुन <br> sābun |

| | |
|---|---|
| Vorrei cambiare la camera. | मुझे अपना कमरा बदलना है। <br> mujhe apana kamara badalana hai. |
| Non trovo la chiave. | मुझे चाबी नहीं मिल रही है। <br> mujhe chābī nahin mil rahī hai. |
| Potrebbe aprire la mia camera, per favore? | क्या आप मेरा कमरा खोल सकते /सकती/ हैं? <br> kya āp mera kamara khol sakate /sakatī/ hain? |
| Chi è? | कौन है? <br> kaun hai? |
| Avanti! | अंदर आ जाओ! <br> andar ā jao! |
| Un attimo! | एक मिनट! <br> ek minat! |

| | |
|---|---|
| Non adesso, per favore. | अभी नहीं, प्लीज़। <br> abhī nahin, plīz. |
| Può venire nella mia camera, per favore. | कृपया मेरे कमरे में आईये। <br> krpaya mere kamare men āīye. |

| | |
|---|---|
| Vorrei ordinare qualcosa da mangiare. | मैं फूड सर्विस ऑर्डर करना चाहता /चाहती/ हूँ।<br>main fūd sarvis ordar karana chāhata /chāhatī/ hūn. |
| Il mio numero di camera è ... | मेरा कमरा नंबर है ...<br>mera kamara nambar hai ... |
| Parto ... | मैं ... जा रहा /रही/ हूँ<br>main ... ja raha /rahī/ hūn. |
| Partiamo ... | हम ... जा रहे हैं।<br>ham ... ja rahe hain. |
| adesso | अभी<br>abhī |
| questo pomeriggio | आज दोपहर<br>āj dopahar |
| stasera | आज रात<br>āj rāt |
| domani | कल<br>kal |
| domani mattina | कल सुबह<br>kal subah |
| domani sera | कल शाम<br>kal shām |
| dopodomani | कल के बाद वाला दिन<br>kal ke bād vāla din |

| | |
|---|---|
| Vorrei pagare. | मैं भुगतान करना चाहता /चाहती/ हूँ<br>main bhugatān karana chāhata /chāhatī/ hūn. |
| È stato tutto magnifico. | सब कुछ बहुत अच्छा था।<br>sab kuchh bahut achchha tha. |
| Dove posso prendere un taxi? | मुझे टैक्सी कहां मिलेगी?<br>mujhe taiksī kahān milegī? |
| Potrebbe chiamarmi un taxi, per favore? | क्या आप मेरे लिए एक टैक्सी बुला देंगे /देंगी/?<br>kya āp mere lie ek taiksī bula denge /dengī/? |

## Al Ristorante

Posso vedere il menù, per favore?
क्या आप अपना मेनू दिखा सकते हैं, प्लीज़?
kya āp apana menū dikha sakate hain, plīz?

Un tavolo per una persona.
एक के लिए टेबल।
ek ke lie tebal.

Siamo in due (tre, quattro).
हम दो (तीन, चार) लोग हैं।
ham do (tīn, chār) log hain.

Fumatori
स्मोकिंग
smoking

Non fumatori
नो स्मोकिंग
no smoking

Mi scusi!
एक्सक्यूज़ मी!
eksakyūz mī!

il menù
मेनू
menū

la lista dei vini
वाइन सूची
vain sūchī

Posso avere il menù, per favore.
मेनू ले आईये प्लीज़।
menū le āīye plīz.

È pronto per ordinare?
क्या आप ऑर्डर करने के लिए तैयार हैं?
kya āp ordar karane ke lie taiyār hain?

Cosa gradisce?
आप क्या लेना चाहेंगी /चाहेंगी/?
āp kya lena chāhengī /chāhengī/?

Prendo …
मेरे लिए … ले आईए।
mere lie … le āīe.

Sono vegetariano.
मैं शाकाहारी हूँ।
main shākāhārī hūn.

carne
माँस
māns

pesce
मछली
machhalī

verdure
सब्ज़ियाँ
sabziyān

Avete dei piatti vegetariani?
क्या आपके पास शाकाहारी पकवान हैं?
kya āpake pās shākāhārī pakavān hain?

Non mangio carne di maiale.
मैं सूअर का गोश्त नहीं खाता /खाती/ हूँ।
main sūar ka gosht nahin khāta /khātī/ hūn.

Lui /lei/ non mangia la carne.

वह माँस नहीं खाता /खाती/ है।
vah māns nahin khāta /khātī/ hai.

Sono allergico a …

मुझे … से अलर्जी है।
mujhe … se alarjī hai.

---

Potrebbe portarmi …

क्या आप मेरे लिए … ले आएंगे प्लीज़
kya āp mere lie … le āenge plīz

del sale | del pepe | dello zucchero

नमक | काली मिर्च | चीनी
namak | kālī mirch | chīnī

un caffè | un tè | un dolce

कॉफ़ी | चाय | मीठा
kofī | chāy | mītha

dell'acqua | frizzante | naturale

पानी | बुदबुदाने वाला पानी | सादा
pānī | budabudāne vāla pānī | sāda

un cucchiaio | una forchetta | un coltello

एक चम्मच | काँटा | चाकू
ek chammach | kānta | chākū

un piatto | un tovagliolo

एक प्लेट | नैपकिन
ek plet | naipakin

---

Buon appetito!

अपने भोजन का आनंद लें!
apane bhojan ka ānand len!

Un altro, per favore.

एक और चाहिए।
ek aur chāhie.

È stato squisito.

वह अत्यंत स्वादिष्ट था।
vah atyant svādisht tha.

---

il conto | il resto | la mancia

चेक | छुट्टा | टिप
chek | chhutta | tip

Il conto, per favore.

चेक प्लीज़।
chek plīz.

Posso pagare con la carta di credito?

क्या मैं क्रेडिट कार्ड से पे कर
सकता /सकती/ हूँ
kya main kredit kārd se pe kar sakata
/sakatī/ hūn?

Mi scusi, c'è un errore.

माफ़ कीजिएगा, यहाँ कुछ गलती है।
māf kījiega, yahān kuchh galatī hai.

## Shopping

Posso aiutarla?

क्या मैं आपकी मदद कर सकता /सकती/ हूँ?
kya main āpakī madad kar sakata /sakatī/ hūn?

Avete ...?

क्या आपके पास ... है?
kya āpake pās ... hai?

Sto cercando ...

मैं ... ढूंढ रहा /रही/ हूँ
main ... dhūnrh raha /rahī/ hūn.

Ho bisogno di ...

मुझे ... चाहिए।
mujhe ... chāhie.

Sto guardando.

मैं बस देख रहा /रही/ हूँ
main bas dekh raha /rahī/ hūn.

Stiamo guardando.

हम बस देख रहे हैं।
ham bas dekh rahe hain.

Ripasserò più tardi.

मैं बाद में वापिस आता /आती/ हूँ
main bād men vāpis āta /ātī/ hūn.

Ripasseremo più tardi.

हम बाद में वापिस आते हैं।
ham bād men vāpis āte hain.

sconti | saldi

छूट | सेल
chhūt | sel

Per favore, mi può far vedere ...?

क्या आप मुझे ... दिखाएंगे /दिखाएंगी/।
kya āp mujhe ... dikhaenge /dikhaengī/.

Per favore, potrebbe darmi ...

क्या आप मुझे ... देंगे /देंगी/।
kya āp mujhe ... denge /dengī/.

Posso provarlo?

क्या मैं इसे पहनकर देख सकता /सकती/ हूँ?
kya main ise pahanakar dekh sakata /sakatī/ hūn?

Mi scusi, dov'è il camerino?

माफ़ कीजिएगा, ट्राय रूम कहाँ है?
māf kījiega, trāy rūm kahān hai?

Che colore desidera?

आपको कौन-सा रंग चाहिए?
āpako kaun-sa rang chāhie?

taglia | lunghezza

साइज़ | लंबाई
saiz | lambaī

Come le sta?

यह कैसा फिट होता है?
yah kaisa fit hota hai?

Quanto costa questo?

यह कितने का है?
yah kitane ka hai?

È troppo caro.

यह बहुत महंगा है।
yah bahut mahanga hai.

Lo prendo. मैं इसे ले लूँगा /लूँगी/।
main ise le lūnga /lūngī/.

Mi scusi, dov'è la cassa? माफ़ कीजिएगा, पे कहाँ करना है?
māf kījiega, pe kahān karana hai?

Paga in contanti o con carta di credito? क्या आप नक़द में पे करेंगे या क्रेडिट कार्ड से?
kya āp nakad men pe karenge ya kredit kārd se?

In contanti | con carta di credito नक़द में | क्रेडिट कार्ड से
nakad men | kredit kārd se

Vuole lo scontrino? क्या आपको रसीद चाहिए?
kya āpako rasīd chāhie?

Si, grazie. हाँ, प्लीज़।
hān, plīz.

No, va bene così. नहीं, ज़रूरत नहीं।
nahin, zarūrat nahin.

Grazie. Buona giornata! शुक्रिया। आपका दिन शुभ हो!
shukriya. āpaka din shubh ho!

# In città

| | |
|---|---|
| Mi scusi, per favore ... | माफ़ कीजिएगा, ...<br>māf kījiega, ... |
| Sto cercando ... | मैं ... ढूंढ रहा /रही/ हूँ|<br>main ... dhūnrh raha /rahī/ hūn. |
| la metropolitana | मेट्रो<br>metro |
| il mio albergo | अपना होटल<br>apana hotal |
| il cinema | सिनेमा हॉल<br>sinema hol |
| il posteggio taxi | टैक्सी स्टैंड<br>taiksī staind |

| | |
|---|---|
| un bancomat | एटीएम<br>etīem |
| un ufficio dei cambi | मुद्रा विनिमय केंद्र<br>fŏran eksachenj ofis |
| un internet café | साइबर कैफ़े<br>saibar kaife |
| via ... | ... सड़क<br>... sarak |
| questo posto | यह जगह<br>yah jagah |

| | |
|---|---|
| Sa dove si trova ...? | क्या आपको पता है कि ... कहाँ है?<br>kya āpako pata hai ki ... kahān hai? |
| Come si chiama questa via? | यह कौन-सी सड़क है?<br>yah kaun-sī sarak hai? |
| Può mostrarmi dove ci troviamo? | मुझे दिखाईये कि हम इस वक्त कहाँ हैं|<br>mujhe dikhāīye ki ham is vakt kahān hain. |
| Posso andarci a piedi? | क्या मैं वहाँ पैदल जा सकता /सकती/ हूँ?<br>kya main vahān paidal ja sakata /sakatī/ hūn? |
| Avete la piantina della città? | क्या आपके पास शहर का नक्शा है?<br>kya āpake pās shahar ka naksha hai? |

| | |
|---|---|
| Quanto costa un biglietto? | अंदर जाने का टिकट कितने का है?<br>andar jāne ka tikat kitane ka hai? |
| Si può fotografare? | क्या मैं यहाँ फोटो खींच सकता /सकती/ हूँ?<br>kya main yahān foto khīnch sakata /sakatī/ hūn? |

E' aperto?

क्या यह जगह खुली है?
kya yah jagah khulī hai?

Quando aprite?

आप इसे कब खोलते हैं?
āp ise kab kholate hain?

Quando chiudete?

आप इसे कब बंद करते हैं?
āp ise kab band karate hain?

# Soldi

| | |
|---|---|
| Soldi | पैसा<br>paisa |
| contanti | नकद<br>nakad |
| banconote | पेपर मनी<br>pepar manī |
| monete | सिक्के<br>sikke |
| conto \| resto \| mancia | चेक \| छुट्टा \| टिप<br>chek \| chhutta \| tip |
| carta di credito | क्रेडिट कार्ड<br>kredit kārd |
| portafoglio | बटुआ<br>batua |
| comprare | खरीदना<br>kharīdana |
| pagare | भुगतान करना<br>bhugatān karana |
| multa | फाइन<br>fain |
| gratuito | मुफ्त<br>muft |
| Dove posso comprare ...? | मैं ... कहा खरीद सकता<br>/सकती/ हूँ?<br>main ... kaha kharīd sakata<br>/sakatī/ hūn? |
| La banca è aperta adesso? | क्या बैंक इस वक्त खुला होगा?<br>kya baink is vakt khula hoga? |
| Quando apre? | वह कब खुलता है?<br>vah kab khulata hai? |
| Quando chiude? | वह कब बंद होता है?<br>vah kab band hota hai? |
| Quanto costa? | कितना?<br>kitana? |
| Quanto costa questo? | यह कितने का है?<br>yah kitane ka hai? |
| È troppo caro. | यह बहुत महंगा है<br>yah bahut mahanga hai. |
| Scusi, dov'è la cassa? | माफ़ कीजिएगा, पे कहाँ करना है?<br>māf kījiega, pe kahān karana hai? |

| | |
|---|---|
| Il conto, per favore. | चेक, प्लीज़ा<br>chek, plīz. |
| Posso pagare con la carta di credito? | क्या मैं क्रेडिट कार्ड से पे कर<br>सकता /सकती/ हूँ?<br>kya main kredit kārd se pe kar<br>sakata /sakatī/ hūn? |
| C'è un bancomat? | क्या यहाँ पास में एटीएम है?<br>kya yahān pās men etīem hai? |
| Sto cercando un bancomat. | मैं एटीएम ढूंढ रहा /रही/ हूँ<br>main etīem dhūnrh raha /rahī/ hūn. |
| Sto cercando un ufficio dei cambi. | मैं मुद्रा विनिमय केंद्र ढूंढ रहा<br>/रही/ हूँ<br>main mudra vinimay kendr dhūnrh raha<br>/rahī/ hūn. |
| Vorrei cambiare ... | मैं ... बदलना चाहूँगा /चाहूँगी/।<br>main ... badalana chāhūngā /chāhūngī/. |
| Quanto è il tasso di cambio? | एक्सचेंज रेट क्या है?<br>eksachenj ret kya hai? |
| Ha bisogno del mio passaporto? | क्या मुझे पासपोर्ट की ज़रूरत है?<br>kya mujhe pāsaport kī zarūrat hai? |

# Le ore

| | |
|---|---|
| Che ore sono? | क्या बजा है? |
| | kya baja hai? |
| Quando? | कब? |
| | kab? |
| A che ora? | कितने बजे? |
| | kitane baje? |
| adesso \| più tardi \| dopo … | अभी \| बाद में \| … के बाद |
| | abhī \| bād men \| … ke bād |

| | |
|---|---|
| l'una | एक बजे |
| | ek baje |
| l'una e un quarto | सवा एक बजे |
| | sava ek baje |
| l'una e trenta | डेढ़ बजे |
| | derh baje |
| l'una e quarantacinque | पौने दो बजे |
| | paune do baje |

| | |
|---|---|
| uno \| due \| tre | एक \| दो \| तीन |
| | ek \| do \| tīn |
| quattro \| cinque \| sei | चार \| पांच \| छह |
| | chār \| pānch \| chhah |
| sette \| otto \| nove | सात \| आठ \| नौ |
| | sāt \| āth \| nau |
| dieci \| undici \| dodici | दस \| ग्यारह \| बारह |
| | das \| gyārah \| bārah |

| | |
|---|---|
| fra … | … में |
| | … men |
| cinque minuti | पाँच मिनट |
| | pānch minat |
| dieci minuti | दस मिनट |
| | das minat |
| quindici minuti | पंद्रह मिनट |
| | pandrah minat |
| venti minuti | बीस मिनट |
| | bīs minat |
| mezzora | आधे घंटे |
| | ādha ghanta |
| un'ora | एक घंटे |
| | ek ghante |

| | |
|---|---|
| la mattina | सुबह में<br>subah men |
| la mattina presto | सुबह-सेवरे<br>subah-sevare |
| questa mattina | इस सुबह<br>is subah |
| domani mattina | कल सुबह<br>kal subah |

| | |
|---|---|
| all'ora di pranzo | दोपहर में<br>dopahar men |
| nel pomeriggio | दोपहर में<br>dopahar men |
| la sera | शाम में<br>shām men |
| stasera | आज रात<br>āj rāt |

| | |
|---|---|
| la notte | रात को<br>rāt ko |
| ieri | कल<br>kal |
| oggi | आज<br>āj |
| domani | कल<br>kal |
| dopodomani | कल के बाद वाला दिन<br>kal ke bād vāla din |

| | |
|---|---|
| Che giorno è oggi? | आज कौन-सा दिन है?<br>āj kaun-sa din hai? |
| Oggi è … | आज … है।<br>āj … hai. |
| lunedì | सोमवार<br>somavār |
| martedì | मंगलवार<br>mangalavār |
| mercoledì | बुधवार<br>budhavār |

| | |
|---|---|
| giovedì | गुरुवार<br>guruvār |
| venerdì | शुक्रवार<br>shukravār |
| sabato | शनिवार<br>shanivār |
| domenica | रविवार<br>ravivār |

## Saluti - Presentazione

| | |
|---|---|
| Salve. | नमस्कार<br>namaskār. |
| Lieto di conoscerla. | आपसे मिलकर खुशी हुई<br>āpase milakar khushī huī. |
| Il piacere è mio. | मुझे भी<br>mujhe bhī. |
| Vi presento … | मैं आपको … से मिलाना चाहूँगा<br>/चाहूँगी/।<br>main āpako … se milāna chāhūnga<br>/chāhūngī/. |
| Molto piacere. | आपसे मिलकर अच्छा लगा।<br>āpase milakar achchha laga. |
| Come sta? | आप कैसे /कैसी/ हैं?<br>āp kaise /kaisī/ hain? |
| Mi chiamo … | मेरा नाम … है<br>mera nām … hai. |
| Si chiama … (m) | इसका नाम … है।<br>isaka nām … hai. |
| Si chiama … (f) | इसका नाम … है।<br>isaka nām … hai. |
| Come si chiama? | आपका क्या नाम है?<br>āpaka kya nām hai? |
| Come si chiama lui? | इसका क्या नाम है?<br>isaka kya nām hai? |
| Come si chiama lei? | इसका क्या नाम है?<br>isaka kya nām hai? |
| Qual'è il suo cognome? | आपका आखिरी नाम क्या है?<br>āpaka ākhirī nām kya hai? |
| Può chiamarmi … | आप मुझे … बुला सकते /सकती/ हैं<br>āp mujhe … bula sakate /sakatī/ hain. |
| Da dove viene? | आप कहाँ से हैं?<br>āp kahān se hain? |
| Vengo da … | मैं … हूँ<br>main … hūn. |
| Che lavoro fa? | आप क्या काम करते /करती/ हैं?<br>āp kya kām karate /karatī/ hain? |
| Chi è? | यह कौन है?<br>yah kaun hai? |
| Chi è lui? | यह कौन है?<br>yah kaun hai? |

| | |
|---|---|
| Chi è lei? | यह कौन है?<br>yah kaun hai? |
| Chi sono loro? | ये कौन हैं?<br>ye kaun hain? |

| | |
|---|---|
| Questo è … | यह ... है।<br>yah ... hai. |
| il mio amico | मेरा दोस्त<br>mera dost |
| la mia amica | मेरी सहेली<br>merī sahelī |
| mio marito | मेरे पति<br>mere pati |
| mia moglie | मेरी पत्नी<br>merī patnī |

| | |
|---|---|
| mio padre | मेरे पिता<br>mere pita |
| mia madre | मेरी माँ<br>merī mān |
| mio fratello | मेरे भाई<br>mere bhaī |
| mia sorella | मेरी बहन<br>merī bahan |
| mio figlio | मेरा बेटा<br>mera beta |
| mia figlia | मेरी बेटी<br>merī betī |

| | |
|---|---|
| Questo è nostro figlio. | यह मेरा बेटा है।<br>yah mera beta hai. |
| Questa è nostra figlia. | यह मेरी बेटी है।<br>yah merī betī hai. |
| Questi sono i miei figli. | ये मेरे बच्चे हैं।<br>ye mere bachche hain. |
| Questi sono i nostri figli. | ये हमारे बच्चे हैं।<br>ye hamāre bachche hain. |

## Saluti di commiato

Arrivederci!
अलविदा!
alavida!

Ciao!
बाय!
bāy!

A domani.
कल मिलते हैं
kal milate hain.

A presto.
जल्दी मिलते हैं
jaldī milate hain.

Ci vediamo alle sette.
सात बजे मिलते हैं
sāt baje milate hain.

Divertitevi!
मज़े करो!
maze karo!

Ci sentiamo più tardi.
बाद में बात करते हैं
bād men bāt karate hain.

Buon fine settimana.
तुम्हारा समाहांत शुभ रहे
tumhāra saptāhānt shubh rahe.

Buona notte
शुभ रात्रि
shubh rātri.

Adesso devo andare.
मेरे जाने का वक्त हो गया है
mere jāne ka vakt ho gaya hai.

Devo andare.
मुझे जाना होगा
mujhe jāna hai.

Torno subito.
मैं अभी वापिस आता /आती/ हूँ
main abhī vāpis āta /ātī/ hūn.

È tardi.
देर हो गई है
der ho gaī hai.

Domani devo alzarmi presto.
मुझे जल्दी उठना है
mujhe jaldī uthana hai.

Parto domani.
मैं कल जाने वाला /वाली/ हूँ
main kal jāne vāla /vālī/ hūn.

Partiamo domani.
हम कल जाने वाले हैं
ham kal jāne vāle hain.

Buon viaggio!
आपकी यात्रा शानदार हो!
āpakī yātra shānadār ho!

È stato un piacere conoscerla.
आपसे मिलकर अच्छा लगा
āpase milakar achchha laga.

È stato un piacere parlare con lei.
आपसे बातें करके अच्छा लगा
āpase bāten karake achchha laga.

Grazie di tutto.
हर चीज़ के लिए शुक्रिया
har chīz ke lie shukriya.

Mi sono divertito.

मैंने बहुत अच्छा वक्त बिताया।
mainne bahut achchha vakt bitāya.

Ci siamo divertiti.

हमने बहुत अच्छा वक्त बिताया।
hamane bahut achchha vakt bitāya.

È stato straordinario.

बहुत मज़ा आया।
bahut maza āya.

Mi mancherà.

मुझे तुम्हारी याद आएगी।
mujhe tumhārī yād āegī.

Ci mancherà.

हमें आपकी याद आएगी।
hamen āpakī yād āegī.

Buona fortuna!

गुड लक!
gud lak!

Mi saluti …

… को नमस्ते बोलना।
… ko namaste bolana.

## Lingua straniera

| | |
|---|---|
| Non capisco. | मुझे समझ नहीं आया। <br> mujhe samajh nahin āya. |
| Può scriverlo, per favore. | इसे लिख दीजिए, प्लीज़। <br> ise likh dījie, plīz. |
| Parla ...? | क्या आप ... बोलते /बोलती/ हैं? <br> kya āp ... bolate /bolatī/ hain? |
| Parlo un po' ... | मैं थोड़ा-बहुत ... बोल सकता /सकती/ हूँ। <br> main thora-bahut ... bol sakata /sakatī/ hūn. |
| inglese | अंग्रेज़ी <br> angrezī |
| turco | तुर्की <br> turkī |
| arabo | अरबी <br> arabī |
| francese | फ्रांसिसी <br> frānsisī |
| tedesco | जर्मन <br> jarman |
| italiano | इतालवी <br> itālavī |
| spagnolo | स्पेनी <br> spenī |
| portoghese | पुर्तगाली <br> purtagālī |
| cinese | चीनी <br> chīnī |
| giapponese | जापानी <br> jāpānī |
| Può ripetere, per favore. | क्या आप इसे दोहरा सकते हैं <br> kya āp ise dohara sakate hain. |
| Capisco. | मैं समझ गया /गई/। <br> main samajh gaya /gaī/. |
| Non capisco. | मुझे समझ नहीं आया। <br> mujhe samajh nahin āya. |
| Può parlare più piano, per favore. | कृपया थोड़ा और धीरे बोलियो <br> kṛpaya thora aur dhīre boliye. |

È corretto?

क्या यह सही है?
kya yah sahī hai?

Cos'è questo? (Cosa significa?)

यह क्या है?
yah kya hai?

## Chiedere scusa

Mi scusi, per favore.

मुझे माफ़ करना।
mujhe māf karana.

Mi dispiace.

मुझे माफ़ कर दो।
mujhe māf karana.

Mi dispiace molto.

मैं बहुत शर्मिन्दा हूँ।
main bahut sharminda hūn.

Mi dispiace, è colpa mia.

माफ़ करना, यह मेरी गलती है।
māf karana, yah merī galatī hai.

È stato un mio errore.

मेरी गलती।
merī galatī.

Posso ...?

क्या मैं ... सकता /सकती/ हूँ?
kya main ... sakata /sakatī/ hūn?

Le dispiace se ...?

क्या मैं ... सकता /सकती/ हूँ?
kya main ... sakata /sakatī/ hūn?

Non fa niente.

कोई बात नहीं।
koī bāt nahin.

Tutto bene.

सब कुछ ठीक है।
sab kuchh thīk hai.

Non si preoccupi.

फिक्र मत करो।
fikr mat karo.

## Essere d'accordo

| | |
|---|---|
| Sì. | हाँ।<br>hān. |
| Sì, certo. | हाँ, बिल्कुल।<br>hān, bilkul. |
| Bene. | ओके! बढ़िया!<br>oke! barhiya! |
| Molto bene. | ठीक है।<br>thīk hai. |
| Certamente! | बिल्कुल!<br>bilkul! |
| Sono d'accordo. | मैं सहमत हूँ।<br>main sahamat hūn. |

| | |
|---|---|
| Esatto. | यह सही है।<br>yah sahī hai. |
| Giusto. | यह ठीक है।<br>yah thīk hai. |
| Ha ragione. | आप सही हैं।<br>āp sahī hain. |
| È lo stesso. | मुझे बुरा नहीं लगेगा।<br>mujhe bura nahin lagega. |
| È assolutamente corretto. | बिल्कुल सही।<br>bilkul sahī. |

| | |
|---|---|
| È possibile. | हो सकता है।<br>ho sakata hai. |
| È una buona idea. | यह अच्छा विचार है।<br>yah achchha vichār hai. |
| Non posso dire di no. | मैं नहीं नहीं बोल सकता<br>/सकती/ हूँ।<br>main nahin nahin bol sakata<br>/sakatī/ hūn. |
| Ne sarei lieto /lieta/. | मुझे ख़ुश होगी।<br>mujhe khush hogī. |
| Con piacere. | ख़ुशी सो<br>khushī se. |

## Diniego. Esprimere incertezza

| | |
|---|---|
| No. | नहीं।<br>nahin. |
| Sicuramente no. | बिल्कुल नहीं।<br>bilkul nahin. |
| Non sono d'accordo. | मैं सहमत नहीं हूँ।<br>main sahamat nahin hūn. |
| Non penso. | मुझे नहीं लगता है।<br>mujhe nahin lagata hai. |
| Non è vero. | यह सही नहीं है।<br>yah sahī nahin hai. |

| | |
|---|---|
| Si sbaglia. | आप गलत हैं।<br>āp galat hain. |
| Penso che lei si stia sbagliando. | मेरे ख्याल में आप गलत हैं।<br>mere khyāl men āp galat hain. |
| Non sono sicuro. | मुझे पक्का नहीं पता है।<br>mujhe pakka nahin pata hai. |
| È impossibile. | यह मुमकिन नहीं है।<br>yah mumakin nahin hai. |
| Assolutamente no! | ऐसा कुछ नहीं हुआ!<br>aisa kuchh nahin hua! |

| | |
|---|---|
| Esattamente il contrario! | इससे बिल्कुल उलटा।<br>isase bilkul ulata. |
| Sono contro. | मैं इसके खिलाफ हूँ।<br>main isake khilāf hūn. |
| Non m'interessa. | मुझे कोई फर्क नहीं पड़ता।<br>mujhe koī fark nahin parata. |
| Non ne ho idea. | मुझे कुछ नहीं पता।<br>mujhe kuchh nahin pata. |
| Dubito che sia così. | मुझे इस बात पर शक है।<br>mujhe is bāt par shak hai. |

| | |
|---|---|
| Mi dispiace, non posso. | माफ़ करना, मैं नहीं कर सकता<br>/सकती/ हूँ।<br>māf karana, main nahin kar sakata<br>/sakatī/ hūn. |
| Mi dispiace, non voglio. | माफ़ करना, मैं नहीं करना चाहता<br>/चाहती/ हूँ।<br>māf karana, main nahin karana chāhata<br>/chāhatī/ hūn. |
| Non ne ho bisogno, grazie. | शुक्रिया, मगर मुझे इसकी ज़रूरत<br>नहीं है।<br>shukriya, magar mujhe isakī zarūrat<br>nahin hai. |

È già tardi.

देर हो रही है।
der ho rahī hai.

Devo alzarmi presto.

मुझे जल्दी उठना है।
mujhe jaldī uthana hai.

Non mi sento bene.

मेरी तबियत ठीक नहीं है।
merī tabiyat thīk nahin hai.

## Esprimere gratitude

| | |
|---|---|
| Grazie. | शुक्रिया।<br>shukriya. |
| Grazie mille. | बहुत बहुत शुक्रिया।<br>bahut bahut shukriya. |
| Le sono riconoscente. | मैं बहुत आभारी हूँ।<br>main bahut ābhārī hūn. |
| Le sono davvero grato. | मैं बहुत बहुत आभारी हूँ।<br>main bahut bahut ābhārī hūn. |
| Le siamo davvero grati. | हम बहुत आभारी हैं।<br>ham bahut ābhārī hain. |

| | |
|---|---|
| Grazie per la sua disponibilità. | आपके वक्त के लिए शुक्रिया।<br>āpake vakt ke lie shukriya. |
| Grazie di tutto. | हर चीज़ के लिए शुक्रिया।<br>har chīz ke lie shukriya. |
| Grazie per … | ... के लिए शुक्रिया।<br>... ke lie shukriya. |
| il suo aiuto | आपकी मदद<br>āpakī madad |
| il bellissimo tempo | अच्छे वक्त<br>achchhe vakt |

| | |
|---|---|
| il delizioso pranzo | बढ़िया खाने<br>barhiya khāne |
| la bella serata | खुशनुमा शाम<br>khushanuma shām |
| la bella giornata | बढ़िया दिन<br>barhiya din |
| la splendida gita | अद्भुत सफर<br>adbhut safar |

| | |
|---|---|
| Non c'è di che. | शुक्रिया की कोई ज़रूरत नहीं।<br>shukriya kī koī zarūrat nahin. |
| Prego. | आपका स्वागत है।<br>āpaka svāgat hai. |
| Con piacere. | कभी भी।<br>kabhī bhī. |
| È stato un piacere. | यह मेरे लिए खुशी की बात है।<br>yah mere lie khushī kī bāt hai. |
| Non ci pensi neanche. | भूल जाओ।<br>bhūl jao. |
| Non si preoccupi. | फिक्र मत करो।<br>fikr mat karo. |

## Congratulazioni. Auguri

| | |
|---|---|
| Congratulazioni! | मुबारक हो!<br>mubārak ho! |
| Buon compleanno! | जन्मदिन की बधाई!<br>janmadin kī badhaī! |
| Buon Natale! | बड़ा दिन मुबारक हो!<br>bara din mubārak ho! |
| Felice Anno Nuovo! | नए साल की बधाई!<br>nae sāl kī badhaī! |
| Buona Pasqua! | ईस्टर की शुभकामनाएं!<br>īstar kī shubhakāmanaen! |
| Felice Hanukkah! | हनुका की बधाईयाँ!<br>hanuka kī badhaīyān! |
| Vorrei fare un brindisi. | मैं एक टोस्ट करना चाहूँगा<br>/चाहूँगी/।<br>main ek tost karana chāhūnga<br>/chāhūngī/. |
| Salute! | चियर्स!<br>chiyars! |
| Beviamo a …! | ... के लिए पीया जाए!<br>... ke lie pīya jae! |
| Al nostro successo! | हमारी कामियाबी!<br>hamārī kāmiyābī! |
| Al suo successo! | आपकी कामियाबी!<br>āpakī kāmiyābī! |
| Buona fortuna! | गुड लक!<br>gud lak! |
| Buona giornata! | आपका दिन शुभ हो!<br>āpaka din shubh ho! |
| Buone vacanze! | आपकी छुट्टी अच्छी रहे!<br>āpakī chhuttī achchhī rahe! |
| Buon viaggio! | आपका सफर सुरक्षित रहे!<br>āpaka safar surakshit rahe! |
| Spero guarisca presto! | मैं उम्मीद करता /करती/ हूँ कि<br>आप जल्द ही ठीक हो जाएंगे!<br>main ummīd karata /karatī/ hūn<br>ki āp jald hī thīk ho jaenge! |

## Socializzare

Perchè è triste?
आप उदास क्यों हैं?
āp udās kyon hain?

Sorrida!
मुस्कुराओ! खुश रहो!
muskurao! khush raho!

È libero stasera?
क्या आप आज रात फ्री हैं?
kya āp āj rāt frī hain?

Posso offrirle qualcosa da bere?
क्या मैं आपके लिए एक ड्रिंक खरीद सकता /सकती/ हूँ?
kya main āpake lie ek drink kharīd sakata /sakatī/ hūn?

Vuole ballare?
क्या आप डांस करना चाहेंगी /चाहेंगी/?
kya āp dāns karana chāhengī /chāhengī/?

Andiamo al cinema.
चलिए फ़िल्म देखने चलते हैं।
chalie film dekhane chalate hain.

Posso invitarla ...?
क्या मैं आपको ... इन्वाइट कर सकता /सकती/ हूँ?
kya main āpako ... invait kar sakata /sakatī/ hūn?

al ristorante
रेस्तरां
restarān

al cinema
फ़िल्म के लिए
film ke lie

a teatro
थियेटर के लिए
thiyetar ke lie

a fare una passeggiata
वॉक के लिए
vok ke lie

A che ora?
कितने बजे?
kitane baje?

stasera
आज रात
āj rāt

alle sei
छह बजे
chhah baje

alle sette
सात बजे
sāt baje

alle otto
आठ बजे
āth baje

alle nove
नौ बजे
nau baje

Le piace qui?

क्या आपको यहाँ अच्छा लगता है?
kya āpako yahān achchha lagata hai?

È qui con qualcuno?

क्या आप यहाँ किसी के साथ
आए /आई/ हैं?
kya āp yahān kisī ke sāth
āe /āī/ hain?

Sono con un amico /una amica/.

मैं अपने दोस्त के साथ हूँ।
main apane dost ke sāth hūn.

Sono con i miei amici.

मैं अपने दोस्तों के साथ हूँ।
main apane doston ke sāth hūn.

No, sono da solo /sola/.

नहीं, मैं अकेला /अकेली/ हूँ।
nahin, main akela /akelī/ hūn.

Hai il ragazzo?

क्या आपका कोई बॉयफ्रेंड है?
kya āpaka koī boyafrend hai?

Ho il ragazzo.

मेरा बॉयफ्रेंड है।
mera boyafrend hai.

Hai la ragazza?

क्या आपकी कोई गर्लफ्रेंड है?
kya āpakī koī garlafrend hai?

Ho la ragazza.

मेरी एक गर्लफ्रेंड है।
merī ek garlafrend hai.

Posso rivederti?

क्या आपसे फिर मिल सकता
/सकती/ हूँ?
kya āpase fir mil sakata
/sakatī/ hūn?

Posso chiamarti?

क्या मैं आपको कॉल कर सकता
/सकती/ हूँ?
kya main āpako kol kar sakata
/sakatī/ hūn?

Chiamami.

मुझे कॉल करना।
mujhe kol karana.

Qual'è il tuo numero?

आपका नंबर क्या है?
āpaka nambar kya hai?

Mi manchi.

मुझे तुम्हारी याद आ रही है।
mujhe tumhārī yād ā rahī hai.

Ha un bel nome.

आपका नाम बहुत खूबसूरत है।
āpaka nām bahut khūbasūrat hai.

Ti amo.

मैं तुमसे प्यार करता /करती/ हूँ।
main tumase pyār karata /karatī/ hūn.

Mi vuoi sposare?

क्या तुम मुझसे शादी करोगे /करोगी/?
kya tum mujhase shādī karoge /karogī/?

Sta scherzando!

तुम मज़ाक कर रहे /रही/ हो।
tum mazāk kar rahe /rahī/ ho!

Sto scherzando.

मैं बस मज़ाक कर रहा रही हूँ।
main bas mazāk kar raha rahī hūn.

Lo dice sul serio?

क्या आप सीरियस हैं?
kya āp sīriyas hain?

Sono serio.

मैं सीरियस हूँ।
main sīriyas hūn.

| | |
|---|---|
| Davvero?! | सच में?!<br>sach men?! |
| È incredibile! | मुझे यकिन नहीं होता!<br>mujhe yakin nahin hota! |
| Non le credo. | मुझे तुम पर यकिन नहीं है।<br>mujhe tum par yakin nahin hai. |

| | |
|---|---|
| Non posso. | मैं नहीं आ सकता /सकती/।<br>main nahin ā sakata /sakatī/. |
| No so. | मुझे नहीं मालूम।<br>mujhe nahin mālūm. |
| Non la capisco. | मुझे आपकी बात समझ नहीं आई।<br>mujhe āpakī bāt samajh nahin āī. |
| Per favore, vada via. | यहाँ से चले जाईये।<br>yahān se chale jaīye. |
| Mi lasci in pace! | मुझे अकेला छोड़ दो!<br>mujhe akela chhor do! |

| | |
|---|---|
| Non lo sopporto. | मैं उसे बर्दाश्त नहीं कर सकता<br>/सकती/ हूँ।<br>main use bardāsht nahin kar sakata<br>/sakatī/ hūn. |
| Lei è disgustoso! | तुमसे घिन्न आती है!<br>tumase ghinn ātī hai! |
| Chiamo la polizia! | मैं पुलिस बुला लूँगा /लूँगी/!<br>main pulis bula lūnga /lūngī/! |

## Comunicare impressioni ed emozioni

| | |
|---|---|
| Mi piace. | मुझे यह पसंद है।<br>mujhe yah pasand hai. |
| Molto carino. | बहुत अच्छा।<br>bahut achchha. |
| È formidabile! | बहुत बढ़िया!<br>bahut barhiya! |
| Non è male. | बुरा नहीं है।<br>bura nahin hai. |
| Non mi piace. | मुझे यह पसंद नहीं है।<br>mujhe yah pasand nahin hai. |
| Non è buono. | यह अच्छा नहीं है।<br>yah achchha nahin hai. |
| È cattivo. | यह बुरा है।<br>yah bura hai. |
| È molto cattivo. | यह बहुत बुरा है।<br>yah bahut bura hai. |
| È disgustoso. | यह घिनौना है।<br>yah ghinauna hai. |
| Sono felice. | मैं खुश हूँ।<br>main khush hūn. |
| Sono contento /contenta/. | मैं संतुष्ट हूँ।<br>main santusht hūn. |
| Sono innamorato /innamorata/. | मुझे प्यार हो गया है।<br>mujhe pyār ho gaya hai. |
| Sono calmo. | मैं शांत हूँ।<br>main shānt hūn. |
| Sono annoiato. | मुझे बोरियत हो रही है।<br>mujhe boriyat ho rahī hai. |
| Sono stanco /stanca/. | मैं थक गया /गई/ हूँ।<br>main thak gaya /gaī/ hūn. |
| Sono triste. | मैं दुखी हूँ।<br>main dukhī hūn. |
| Sono spaventato. | मुझे डर लग रहा है।<br>mujhe dar lag raha hain. |
| Sono arrabbiato /arrabiata/. | मुझे गुस्सा आ रहा है।<br>mujhe gussa ā raha hai. |
| Sono preoccupato /preoccupata/. | मैं परेशान हूँ।<br>main pareshān hūn. |
| Sono nervoso /nervosa/. | मुझे घवराहट हो रही है।<br>mujhe ghavarāhat ho rahī hai. |

Sono geloso /gelosa/.

मुझे जलन हो रही है।
mujhe jalan ho rahī hai.

Sono sorpreso /sorpresa/.

मुझे हैरानी हो रही है।
mujhe hairānī ho rahī hai.

Sono perplesso.

मुझे समझ नहीं आ रहा है।
mujhe samajh nahin ā raha hai.

## Problemi. Incidenti

| | |
|---|---|
| Ho un problema. | मुझे एक परेशानी है।<br>mujhe ek pareshānī hai. |
| Abbiamo un problema. | हमें परेशानी है।<br>hamen pareshānī hai. |
| Sono perso /persa/. | मैं खो गया /गई/ हूँ।<br>main kho gaya /gaī/ hūn. |
| Ho perso l'ultimo autobus (treno). | मुझसे आखिरी बस छुट गई।<br>mujhase ākhirī bas chhūt gaī. |
| Non ho più soldi. | मेरे पास पैसे नहीं बचे।<br>mere pās paise nahin bache. |
| Ho perso … | मेरा ... खो गया है।<br>mera ... kho gaya hai. |
| Mi hanno rubato … | किसी ने मेरा ... चुरा लिया।<br>kisī ne mera ... chura liya. |
| il passaporto | पासपोर्ट<br>pāsaport |
| il portafoglio | बटुआ<br>batua |
| i documenti | कागज़ात<br>kāgazāt |
| il biglietto | टिकट<br>tikat |
| i soldi | पैसा<br>paisa |
| la borsa | पर्स<br>pars |
| la macchina fotografica | कैमरा<br>kaimara |
| il computer portatile | लैपटॉप<br>laipatop |
| il tablet | टैबलेट<br>taibalet |
| il telefono cellulare | मोबाइल फ़ोन<br>mobail fon |
| Aiuto! | मेरी मदद करो!<br>merī madad karo! |
| Che cosa è successo? | क्या हुआ?<br>kya hua? |
| fuoco | आग<br>āg |

| | |
|---|---|
| sparatoria | गोलियाँ चल रही हैं<br>goliyān chal rahī hain |
| omicidio | कत्ल हो गया है<br>katl ho gaya hai |
| esplosione | विस्फोट हो गया है<br>visfot ho gaya hai |
| rissa | लड़ाई हो गई है<br>laraī ho gaī hai |

| | |
|---|---|
| Chiamate la polizia! | पुलिस को बुलाओ!<br>pulis ko bulāo! |
| Per favore, faccia presto! | कृपया जल्दी करें!<br>krpaya jaldī karen! |
| Sto cercando la stazione di polizia. | मैं पुलिस थाना ढूंढ रहा /रही/ हूँ।<br>main pulis thāna dhūnrh raha /rahī/ hūn. |
| Devo fare una telefonata. | मुझे फ़ोन करना है।<br>mujhe fon karana hai. |
| Posso usare il suo telefono? | क्या मैं आपका फ़ोन इस्तेमाल<br>कर सकता /सकती/ हूँ?<br>kya main āpaka fon istemāl<br>kar sakata /sakatī/ hūn? |

| | |
|---|---|
| aggredito /aggredita/ | मेरा सामान चुरा लिया गया है<br>mera sāmān chura liya gaya hai |
| derubato /derubata/ | मुझे लूट लिया गया है<br>mujhe lūt liya gaya hai |
| violentata | मेरा बालात्कार किया गया है<br>mera bālātkār kiya gaya hai |
| assalito /assalita/ | मुझे पीटा गया है<br>mujhe pīta gaya hai |

| | |
|---|---|
| Lei sta bene? | क्या आप ठीक हैं?<br>kya āp thīk hain? |
| Ha visto chi è stato? | क्या आपने देखा कौन था?<br>kya āpane dekha kaun tha? |
| È in grado di riconoscere la persona? | क्या आप उसे पहचान सकेंगे<br>/सकेंगी/?<br>kya āp use pahachān sakenge<br>/sakengī/? |
| È sicuro? | क्या आपको यकीन है?<br>kya āpako yakīn hai? |

| | |
|---|---|
| Per favore, si calmi. | कृपया शांत हो जाएं<br>krpaya shānt ho jaen. |
| Si calmi! | आराम से!<br>ārām se! |
| Non si preoccupi. | चिंता मत करो!<br>chinta mat karo! |
| Andrà tutto bene. | सब ठीक हो जायेगा।<br>sab thīk ho jāyega. |
| Va tutto bene. | सब कुछ ठीक है।<br>sab kuchh thīk hai. |

Venga qui, per favore.

कृपया यहाँ आइये।
kṛpaya yahān āiye.

Devo porle qualche domanda.

मेरे पास तुम्हारे लिए कुछ प्रश्न है।
mere pās tumhāre lie kuchh prashn hai.

Aspetti un momento, per favore.

कृपया एक क्षण रुकें।
kṛpaya ek kshan ruken.

Ha un documento d'identità?

क्या आपके पास आईडी है?
kya āpake pās āīdī hai?

Grazie. Può andare ora.

धन्यवाद। आप अब जा सकते
/सकती/ हैं।
dhanyavād. āp ab ja sakate
/sakatī/ hain.

Mani dietro la testa!

अपने हाथ सिर के पीछे रखें!
apane hāth sir ke pīchhe rakhen!

È in arresto!

आप हिरासत में हैं!
āp hirāsat men hain!

## Problemi di salute

Mi può aiutare, per favore.

कृपया मेरी मदद करें।
kr̥paya merī madad karen.

Non mi sento bene.

मेरी तबियत ठीक नहीं है।
merī tabiyat thīk nahin hai.

Mio marito non si sente bene.

मेरे पति को ठीक महसूस नहीं हो रहा है।
mere pati ko thīk mahasūs nahin ho raha hai.

Mio figlio ...

मेरे बेटे ...
mere bete ...

Mio padre ...

मेरे पिता ...
mere pita ...

Mia moglie non si sente bene.

मेरी पत्नी को ठीक महसूस नहीं हो रहा है।
merī patnī ko thīk mahasūs nahin ho raha hai.

Mia figlia ...

मेरी बेटी ...
merī betī ...

Mia madre ...

मेरी माँ ...
merī mān ...

testa

मुझे सिरदर्द है।
mujhe siradard hai.

gola

मेरा गला ख़राब है।
mera gala kharāb hai.

pancia

मेरे पेट में दर्द है।
mere pet men dard hai.

denti

मेरे दाँत में दर्द है।
mere dānt men dard hai.

Mi gira la testa.

मुझे चक्कर आ रहा है।
mujhe chakkar ā raha hai.

Ha la febbre. (m)

इसे बुख़ार है।
ise bukhār hai.

Ha la febbre. (f)

इसे बुख़ार है।
ise bukhār hai.

Non riesco a respirare.

मैं साँस नहीं ले पा रहा /रही/ हूँ।
main sāns nahin le pa raha /rahī/ hūn.

Mi manca il respiro.

मेरी साँस फूल रही है।
merī sāns fūl rahī hai.

Sono asmatico.

मुझे दमा है।
mujhe dama hai.

| | |
|---|---|
| Sono diabetico /diabetica/. | मैं मधुमेह का /की/ रोगी हूँ।<br>main madhumeh ka /kī/ rogī hūn. |
| Soffro d'insonnia. | मैं सो नहीं पा रहा /रही/ हूँ।<br>main so nahin pa raha /rahī/ hūn. |
| intossicazione alimentare | फ़ुड पॉएज़निंग<br>fūd poezaning |

| | |
|---|---|
| Fa male qui. | यहाँ दुखता हैं।<br>yahān dukhata hain. |
| Mi aiuti! | मेरी मदद करो!<br>merī madad karo! |
| Sono qui! | मैं यहाँ हूँ!<br>main yahān hūn! |
| Siamo qui! | हम यहाँ हैं!<br>ham yahān hain! |
| Mi tiri fuori di qui! | मुझे यहां से बाहर निकालो!<br>mujhe yahān se bāhar nikālo! |
| Ho bisogno di un dottore. | मुझे एक डॉक्टर की ज़रुरत है।<br>mujhe ek doktar kī zarurat hai. |
| Non riesco a muovermi. | मैं हिल नहीं सकता /सकती/ हूँ।<br>main hil nahin sakata /sakatī/ hūn. |
| Non riesco a muovere le gambe. | मैं अपने पैरों को नहीं हिला<br>पा रहा /रही/ हूँ।<br>main apane pairon ko nahin hila<br>pa raha /rahī/ hūn. |

| | |
|---|---|
| Ho una ferita. | मुझे चोट लगी है।<br>mujhe chot lagī hai. |
| È grave? | क्या यह गंभीर है?<br>kya yah gambhīr hai? |
| I miei documenti sono in tasca. | मेरे दस्तावेज़ मेरी जेब में हैं।<br>mere dastāvez merī jeb men hain. |
| Si calmi! | शांत हो जाओ!<br>shānt ho jao! |
| Posso usare il suo telefono? | क्या मैं आपका फ़ोन इस्तेमाल<br>कर सकता /सकती/ हूँ?<br>kya main āpaka fon istemāl<br>kar sakata /sakatī/ hūn? |

| | |
|---|---|
| Chiamate l'ambulanza! | एम्बुलेन्स बुलाओ!<br>embulens bulao! |
| È urgente! | बहुत ज़रूरी है!<br>bahut zarūrī hai! |
| È un'emergenza! | यह एक आपातकाल है!<br>yah ek āpātakāl hai! |
| Per favore, faccia presto! | कृपया जल्दी करें!<br>krpaya jaldī karen! |
| Per favore, chiamate un medico. | क्या आप डॉक्टर को बुला देंगे /देंगी/?<br>kya āp doktar ko bula denge /dengī/? |
| Dov'è l'ospedale? | अस्पताल कहाँ है?<br>aspatāl kahān hai? |

| | |
|---|---|
| Come si sente? | आप कैसा महसूस कर रहे /रही/ हैं?<br>āp kaisa mahasūs kar rahe /rahī/ hain? |
| Sta bene? | क्या आप ठीक हैं?<br>kya āp thīk hain? |
| Che cosa è successo? | क्या हुआ?<br>kya hua? |
| Mi sento meglio ora. | मैं अब ठीक हूँ।<br>main ab thīk hūn. |
| Va bene. | सब ठीक है।<br>sab thīk hai. |
| Va tutto bene. | सब कुछ ठीक है।<br>sab kuchh thīk hai. |

## In farmacia

| | |
|---|---|
| farmacia | दवा की दुकान<br>dava kī dūkān |
| farmacia di turno | चौबीस घंटे खुलने वाली दवा की दुकान<br>chaubīs ghante khulane vālī dava kī dukān |
| Dov'è la farmacia più vicina? | सबसे करीबी दवा की दुकान कहाँ है?<br>sabase karībī dava kī dūkān kahān hai? |

| | |
|---|---|
| È aperta a quest'ora? | क्या वह अभी खुली है?<br>kya vah abhī khulī hai? |
| A che ora apre? | वह कितने बजे खुलती है?<br>vah kitane baje khulatī hai? |
| A che ora chiude? | वह कितने बजे बंद होती है?<br>vah kitane baje band hotī hai? |

| | |
|---|---|
| È lontana? | क्या वह दूर है?<br>kya vah dūr hai? |
| Posso andarci a piedi? | क्या मैं वहाँ पैदल जा सकता /सकती/ हूँ?<br>kya main vahān paidal ja sakata /sakatī/ hūn? |
| Può mostrarmi sulla piantina? | क्या आप मुझे नक्शे पर दिखा सकते /सकती/ हैं?<br>kya āp mujhe nakshe par dikha sakate /sakatī/ hain? |

| | |
|---|---|
| Per favore, può darmi qualcosa per … | मुझे … के लिए कुछ दे दें।<br>mujhe … ke lie kuchh de den. |
| il mal di testa | सिरदर्द<br>siradard |
| la tosse | खाँसी<br>khānsī |
| il raffreddore | जुकाम<br>zukām |
| l'influenza | जुकाम-बुखार<br>zukām-bukhār |

| | |
|---|---|
| la febbre | बुखार<br>bukhār |
| il mal di stomaco | पेट दर्द<br>pet dard |
| la nausea | मतली<br>matalī |

| | |
|---|---|
| la diarrea | दस्त<br>dast |
| la costipazione | कब्ज<br>kabz |

| | |
|---|---|
| mal di schiena | पीठ दर्द<br>pīth dard |
| dolore al petto | सीने में दर्द<br>sīne men dard |
| fitte al fianco | पेट की माँसपेशी में दर्द<br>pet kī mānsapeshī men dard |
| dolori addominali | पेट दर्द<br>pet dard |

| | |
|---|---|
| pastiglia | दवा<br>dava |
| pomata | मरहम, क्रीम<br>maraham, krīm |
| sciroppo | सिरप<br>sirap |
| spray | स्प्रे<br>spre |
| gocce | ड्रॉप<br>drop |

| | |
|---|---|
| Deve andare in ospedale. | आपको अस्पताल जाना चाहिए।<br>āpako aspatāl jāna chāhie. |
| assicurazione sanitaria | स्वास्थ्य बीमा<br>svāsthy bīma |
| prescrizione | नुस्खा<br>nuskha |
| insettifugo | कीटरोधक<br>kītarodhak |
| cerotto | बैंड एड<br>baind ed |

# Il minimo indispensabile

Mi scusi, …

माफ़ कीजिएगा, …
māf kījiega, …

Buongiorno.

नमस्कार।
namaskār.

Grazie.

शुक्रिया।
shukriya.

Arrivederci.

अलविदा।
alavida.

Sì.

हाँ।
hān.

No.

नहीं।
nahin.

Non lo so.

मुझे नहीं मालूम।
mujhe nahin mālūm.

Dove? | Dove? (~ stai andando?) | Quando?

कहाँ? | कहाँ जाना है? | कब?
kahān? | kahān jāna hai? | kab?

Ho bisogno di …

मुझे … चाहिए।
mujhe … chāhie.

Voglio …

मैं … चाहता /चाहती/ हूँ।
main … chāhata /chāhatī/ hūn.

Avete …?

क्या आपके पास … है?
kya āpake pās … hai?

C'è un /una/ … qui?

क्या यहाँ … है?
kya yahān … hai?

Posso …?

क्या मैं … सकता /सकती/ हूँ?
kya main … sakata /sakatī/ hūn?

per favore

…, कृपया।
…, kṛpaya.

Sto cercando …

मैं … ढूंढ रहा /रही/ हूँ।
main … dhūnrh raha /rahī/ hūn.

il bagno

शौचालय
shauchālay

un bancomat

एटीएम
etīem

una farmacia

दवा की दुकान
dava kī dūkān

un ospedale

अस्पताल
aspatāl

la stazione di polizia

पुलिस थाना
pulis thāna

la metro

मेट्रो
metro

| | |
|---|---|
| un taxi | टैक्सी<br>taiksī |
| la stazione (ferroviaria) | ट्रेन स्टेशन<br>tren steshan |

| | |
|---|---|
| Mi chiamo ... | मेरा नाम ... है।<br>mera nām ... hai |
| Come si chiama? | आपका क्या नाम है?<br>āpaka kya nām hai? |
| Mi può aiutare, per favore? | क्या आप मेरी मदद कर सकते<br>/सकती/ हैं?<br>kya āp merī madad kar sakate<br>/sakatī/ hain? |
| Ho un problema. | मुझे एक परेशानी है।<br>mujhe ek pareshānī hai. |
| Mi sento male. | मेरी तबियत ठीक नहीं है।<br>merī tabiyat thīk nahin hai. |
| Chiamate l'ambulanza! | एम्बुलेन्स बुलाओ!<br>embulens bulao! |
| Posso fare una telefonata? | क्या मैं एक फ़ोन कर सकता<br>/सकती/ हूँ?<br>kya main ek fon kar sakata<br>/sakatī/ hūn? |

| | |
|---|---|
| Mi dispiace. | मुझे माफ़ करना।<br>mujhe māf kar do. |
| Prego. | आपका स्वागत है।<br>āpaka svāgat hai. |

| | |
|---|---|
| io | मैं<br>main |
| tu | तू<br>tū |
| lui | वह<br>vah |
| lei | वह<br>vah |
| loro (m) | वे<br>ve |
| loro (f) | वे<br>ve |
| noi | हम<br>ham |
| voi | तुम<br>tum |
| Lei | आप<br>āp |

| | |
|---|---|
| ENTRATA | प्रवेश<br>pravesh |
| USCITA | निकास<br>nikās |

| | |
|---|---|
| FUORI SERVIZIO | ख़राब है |
| | kharāb hai |
| CHIUSO | बंद |
| | band |
| APERTO | खुला |
| | khula |
| DONNE | महिलाओं के लिए |
| | mahilaon ke lie |
| UOMINI | पुरुषों के लिए |
| | purūshon ke lie |

# MINI DIZIONARIO

Questa sezione contiene
250 termini utili nelle
conversazioni di tutti i giorni.
Potrete Trovare i nomi dei
mesi e dei giorni della
settimana.
Inoltre, il dizionario contiene
diversi argomenti come:
i colori, le unità di misura,
la famiglia e molto altro

**T&P Books Publishing**

# INDICE DEL DIZIONARIO

T&P Books Publishing

| Italiano | हिन्दी | Traslitterazione |
|---|---|---|
| tempo (m) | वक़्त (m) | vakt |
| ora (f) | घंटा (m) | ghanta |
| mezzora (f) | आधा घंटा | ādha ghanta |
| minuto (m) | मिनट (m) | minat |
| secondo (m) | सेकन्ड (m) | sekand |
| oggi (avv) | आज | āj |
| domani | कल | kal |
| ieri (avv) | कल | kal |
| lunedì (m) | सोमवार (m) | somavār |
| martedì (m) | मंगलवार (m) | mangalavār |
| mercoledì (m) | बुधवार (m) | budhavār |
| giovedì (m) | गुरूवार (m) | gurūvār |
| venerdì (m) | शुक्रवार (m) | shukravār |
| sabato (m) | शनिवार (m) | shanivār |
| domenica (f) | रविवार (m) | ravivār |
| giorno (m) | दिन (m) | din |
| giorno (m) lavorativo | कार्यदिवस (m) | kāryadivas |
| giorno (m) festivo | सार्वजनिक छुट्टी (f) | sārvajanik chhuttī |
| fine (m) settimana | सप्ताहांत (m) | saptāhānt |
| settimana (f) | हफ़्ता (f) | hafata |
| la settimana scorsa | पिछले हफ़्ते | pichhale hafate |
| la settimana prossima | अगले हफ़्ते | agale hafate |
| di mattina | सुबह में | subah men |
| nel pomeriggio | दोपहर में | dopahar men |
| di sera | शाम में | shām men |
| stasera | आज शाम | āj shām |
| di notte | रात में | rāt men |
| mezzanotte (f) | आधी रात (f) | ādhī rāt |
| gennaio (m) | जनवरी (m) | janavarī |
| febbraio (m) | फ़रवरी (m) | faravarī |
| marzo (m) | मार्च (m) | mārch |
| aprile (m) | अप्रैल (m) | aprail |
| maggio (m) | माई (m) | maī |
| giugno (m) | जून (m) | jūn |
| luglio (m) | जुलाई (m) | julaī |
| agosto (m) | अगस्त (m) | agast |

| settembre (m) | सितम्बर (m) | sitambar |
| ottobre (m) | अत्तूबर (m) | aktūbar |
| novembre (m) | नवम्बर (m) | navambar |
| dicembre (m) | दिसम्बर (m) | disambar |

| in primavera | वसन्त में | vasant men |
| in estate | गरमियों में | garamiyon men |
| in autunno | शरद में | sharad men |
| in inverno | सर्दियों में | sardiyon men |

| mese (m) | महीना (m) | mahīna |
| stagione (f) (estate, ecc.) | मौसम (m) | mausam |
| anno (m) | वर्ष (m) | varsh |

## 2. Numeri. Numerali

| zero (m) | ज़ीरो | zīro |
| uno | एक | ek |
| due | दो | do |
| tre | तीन | tīn |
| quattro | चार | chār |

| cinque | पाँच | pānch |
| sei | छह | chhah |
| sette | सात | sāt |
| otto | आठ | āth |
| nove | नौ | nau |
| dieci | दस | das |

| undici | ग्यारह | gyārah |
| dodici | बारह | bārah |
| tredici | तेरह | terah |
| quattordici | चौदह | chaudah |
| quindici | पन्द्रह | pandrah |

| sedici | सोलह | solah |
| diciassette | सत्रह | satrah |
| diciotto | अठारह | athārah |
| diciannove | उन्नीस | unnīs |

| venti | बीस | bīs |
| trenta | तीस | tīs |
| quaranta | चालीस | chālīs |
| cinquanta | पचास | pachās |

| sessanta | साठ | sāth |
| settanta | सत्तर | sattar |
| ottanta | अस्सी | assī |
| novanta | नब्बे | nabbe |
| cento | सौ | sau |

| duecento | दो सौ | do sau |
| trecento | तीन सौ | tīn sau |
| quattrocento | चार सौ | chār sau |
| cinquecento | पाँच सौ | pānch sau |
| seicento | छह सौ | chhah sau |
| settecento | सात सो | sāt so |
| ottocento | आठ सौ | āth sau |
| novecento | नौ सौ | nau sau |
| mille | एक हज़ार | ek hazār |
| diecimila | दस हज़ार | das hazār |
| centomila | एक लाख | ek lākh |
| milione (m) | दस लाख (m) | das lākh |
| miliardo (m) | अरब (m) | arab |

## 3. L'uomo. Membri della famiglia

| uomo (m) (adulto maschio) | आदमी (m) | ādamī |
| giovane (m) | युवक (m) | yuvak |
| donna (f) | औरत (f) | aurat |
| ragazza (f) | लड़की (f) | larakī |
| vecchio (m) | बूढ़ा आदमी (m) | būrha ādamī |
| vecchia (f) | बूढ़ी औरत (f) | būrhī aurat |
| madre (f) | माँ (f) | mān |
| padre (m) | पिता (m) | pita |
| figlio (m) | बेटा (m) | beta |
| figlia (f) | बेटी (f) | betī |
| fratello (m) | भाई (m) | bhaī |
| sorella (f) | बहन (f) | bahan |
| genitori (m pl) | माँ-बाप (m pl) | mān-bāp |
| bambino (m) | बच्चा (m) | bachcha |
| bambini (m pl) | बच्चे (m pl) | bachche |
| matrigna (f) | सौतेली माँ (f) | sautelī mān |
| patrigno (m) | सौतेले पिता (m) | sautele pita |
| nonna (f) | दादी (f) | dādī |
| nonno (m) | दादा (m) | dāda |
| nipote (m) (figlio di un figlio) | पोता (m) | pota |
| nipote (f) | पोती (f) | potī |
| nipoti (pl) | पोते (m) | pote |
| zio (m) | चाचा (m) | chācha |
| zia (f) | चाची (f) | chāchī |
| nipote (m) (figlio di un fratello) | भतीजा (m) | bhatīja |
| nipote (f) | भतीजी (f) | bhatījī |

| moglie (f) | पत्नी (f) | patnī |
| marito (m) | पति (m) | pati |
| sposato (agg) | शादीशुदा | shādīshuda |
| sposata (agg) | शादीशुदा | shādīshuda |
| vedova (f) | विधवा (f) | vidhava |
| vedovo (m) | विधुर (m) | vidhur |

| nome (m) | पहला नाम (m) | pahala nām |
| cognome (m) | उपनाम (m) | upanām |

| parente (m) | रिश्तेदार (m) | rishtedār |
| amico (m) | दोस्त (m) | dost |
| amicizia (f) | दोस्ती (f) | dostī |

| partner (m) | पार्टनर (m) | pārtanar |
| capo (m), superiore (m) | अधीक्षक (m) | adhīkshak |
| collega (m) | सहकर्मी (m) | sahakarmī |
| vicini (m pl) | पड़ोसी (m pl) | parosī |

## 4. Corpo umano. Anatomia

| corpo (m) | शरीर (m) | sharīr |
| cuore (m) | दिल (m) | dil |
| sangue (m) | खून (f) | khūn |
| cervello (m) | मस्तिष्क (m) | māstishk |

| osso (m) | हड्डी (f) | haddī |
| colonna (f) vertebrale | रीढ़ की हड्डी | rīrh kī haddī |
| costola (f) | पसली (f) | pasalī |
| polmoni (m pl) | फेफड़े (m pl) | fefare |
| pelle (f) | त्वचा (f) | tvacha |

| testa (f) | सिर (m) | sir |
| viso (m) | चेहरा (m) | chehara |
| naso (m) | नाक (f) | nāk |
| fronte (f) | माथा (m) | mātha |
| guancia (f) | गाल (m) | gāl |

| bocca (f) | मुँह (m) | munh |
| lingua (f) | जीभ (m) | jībh |
| dente (m) | दाँत (f) | dānt |
| labbra (f pl) | होंठ (m) | honth |
| mento (m) | ठोड़ी (f) | thorī |

| orecchio (m) | कान (m) | kān |
| collo (m) | गरदन (m) | garadan |
| occhio (m) | आँख (f) | ānkh |
| pupilla (f) | आँख की पुतली (f) | ānkh kī putalī |
| sopracciglio (m) | भौंह (f) | bhaunh |
| ciglio (m) | बरौनी (f) | baraunī |

| | | |
|---|---|---|
| capelli (m pl) | बाल (m pl) | bāl |
| pettinatura (f) | हेयरस्टाइल (m) | heyarastail |
| baffi (m pl) | मूँछें (f pl) | mūnchhen |
| barba (f) | दाढ़ी (f) | dārhī |
| portare (~ la barba, ecc.) | होना | hona |
| calvo (agg) | गंजा | ganja |
| | | |
| mano (f) | हाथ (m) | hāth |
| braccio (m) | बाँह (m) | bānh |
| dito (m) | उँगली (m) | ungalī |
| unghia (f) | नाखून (m) | nākhūn |
| palmo (m) | हथेली (f) | hathelī |
| | | |
| spalla (f) | कंधा (m) | kandha |
| gamba (f) | टाँग (f) | tāng |
| ginocchio (m) | घुटना (m) | ghutana |
| tallone (m) | एड़ी (f) | erī |
| schiena (f) | पीठ (f) | pīth |

## 5. Abbigliamento. Accessori personali

| | | |
|---|---|---|
| vestiti (m pl) | कपड़े (m) | kapare |
| cappotto (m) | ओवरकोट (m) | ovarakot |
| pelliccia (f) | फरकोट (m) | farakot |
| giubbotto (m), giaccha (f) | जैकेट (f) | jaiket |
| impermeabile (m) | बरसाती (f) | barasātī |
| | | |
| camicia (f) | कमीज़ (f) | kamīz |
| pantaloni (m pl) | पैंट (m) | paint |
| giacca (f) (~ di tweed) | कोट (m) | kot |
| abito (m) da uomo | सूट (m) | sūt |
| | | |
| abito (m) | फ्रॉक (f) | frok |
| gonna (f) | स्कर्ट (f) | skart |
| maglietta (f) | टी-शर्ट (f) | tī-shart |
| accappatoio (m) | बाथ रोब (m) | bāth rob |
| pigiama (m) | पजामा (m) | pajāma |
| tuta (f) da lavoro | वर्दी (f) | vardī |
| | | |
| biancheria (f) intima | अंगवस्त्र (m) | angavastr |
| calzini (m pl) | मोज़े (m pl) | moze |
| reggiseno (m) | ब्रा (f) | bra |
| collant (m) | टाइट्स (m pl) | taits |
| calze (f pl) | स्टॉकिंग (m pl) | stāking |
| costume (m) da bagno | स्विम सूट (m) | svim sūt |
| | | |
| cappello (m) | टोपी (f) | topī |
| calzature (f pl) | पनही (f) | panahī |
| stivali (m pl) | बूट (m pl) | būt |
| tacco (m) | एड़ी (f) | erī |

| laccio (m) | जूते का फ़ीता (m) | jūte ka fīta |
| lucido (m) per le scarpe | बूट-पालिश (m) | būt-pālish |

| guanti (m pl) | दस्ताने (m pl) | dastāne |
| manopole (f pl) | दस्ताने (m pl) | dastāne |
| sciarpa (f) | मफ़लर (m) | mafalar |
| occhiali (m pl) | ऐनक (m pl) | ainak |
| ombrello (m) | छतरी (f) | chhatarī |

| cravatta (f) | टाई (f) | taī |
| fazzoletto (m) | रूमाल (m) | rūmāl |
| pettine (m) | कंघा (m) | kangha |
| spazzola (f) per capelli | ब्रश (m) | brash |

| fibbia (f) | बकसुआ (m) | bakasua |
| cintura (f) | बेल्ट (m) | belt |
| borsetta (f) | पर्स (m) | pars |

## 6. Casa. Appartamento

| appartamento (m) | फ़्लैट (f) | flait |
| camera (f), stanza (f) | कमरा (m) | kamara |
| camera (f) da letto | सोने का कमरा (m) | sone ka kamara |
| sala (f) da pranzo | खाने का कमरा (m) | khāne ka kamara |

| salotto (m) | बैठक (f) | baithak |
| studio (m) | घरेलू कार्यालय (m) | gharelū kāryālay |
| ingresso (m) | प्रवेश कक्ष (m) | pravesh kaksh |
| bagno (m) | स्नानघर (m) | snānaghar |
| gabinetto (m) | शौचालय (m) | shauchālay |

| aspirapolvere (m) | वैक्युम क्लीनर (m) | vaikyum klīnar |
| frettazzo (m) | पोंछा (m) | ponchha |
| strofinaccio (m) | डस्टर (m) | dastar |
| scopa (f) | झाड़ू (m) | jhārū |
| paletta (f) | कूड़ा उठाने का तसला (m) | kūra uthāne ka tasala |

| mobili (m pl) | फ़र्निचर (m) | farnichar |
| tavolo (m) | मेज़ (f) | mez |
| sedia (f) | कुर्सी (f) | kursī |
| poltrona (f) | हत्थे वाली कुर्सी (f) | hatthe vālī kursī |

| specchio (m) | आईना (m) | āīna |
| tappeto (m) | कालीन (f) | kālīn |
| camino (m) | चिमनी (f) | chimanī |
| tende (f pl) | परदे (m pl) | parade |
| lampada (f) da tavolo | मेज़ का लैम्प (m) | mez ka laimp |
| lampadario (m) | झूमर (m) | jhūmar |
| cucina (f) | रसोईघर (m) | rasoīghar |
| fornello (m) a gas | गैस का चूल्हा (m) | gais ka chūlha |

| | | |
|---|---|---|
| fornello (m) elettrico | बिजली का चूल्हा (m) | bijalī ka chūlha |
| forno (m) a microonde | माइक्रोवेव ओवन (m) | maikrovev ovan |
| | | |
| frigorifero (m) | फ़ुज़ि (m) | frij |
| congelatore (m) | फ्रीजर (m) | frījar |
| lavastoviglie (f) | डिशवॉशर (m) | dishavoshar |
| rubinetto (m) | टोंटी (f) | tontī |
| | | |
| tritacarne (m) | कीमा बनाने की मशीन (f) | kīma banāne kī mashīn |
| spremifrutta (m) | जूसर (m) | jūsar |
| tostapane (m) | टोस्टर (m) | tostar |
| mixer (m) | मिक्सर (m) | miksar |
| | | |
| macchina (f) da caffè | कॉफ़ी मशीन (f) | kofī mashīn |
| bollitore (m) | केतली (f) | ketalī |
| teiera (f) | चायदानी (f) | chāyadānī |
| | | |
| televisore (m) | टीवी सेट (m) | tīvī set |
| videoregistratore (m) | वीडियो टेप रिकार्डर (m) | vīdiyo tep rikārdar |
| ferro (m) da stiro | इस्तरी (f) | istarī |
| telefono (m) | टेलीफ़ोन (m) | telīfon |